AF501247

DISSERTATION

SUR

LES EAUX MINÉRALES,

FROIDES ET THERMALES

DE PLOMBIÈRES.

DEUXIÈME ÉDITION,

REVUE ET AUGMENTÉE, CALQUÉE SUR CELLE DE 1813.

Sources que Dieu doua de salutaires feux,
Jaillissez à jamais de ces voûtes profondes.
Etc. ROLLIN D'ESSARS, en 1760.

STRASBOURG,

DE L'IMPRIMERIE DE LEVRAULT, IMPRIMEUR DE LA FACULTÉ DE MÉDECINE.

1835.

SOMMAIRE.

INTRODUCTION.

J'avais conçu le projet de m'occuper, pour cette Dissertation, de la topographie physico-médicale de Plombières et du canton en général. J'avais recueilli une foule de matériaux sur cette vallée intéressante pour le médecin, le physicien et le naturaliste; mais je m'aperçus bientôt, que par leur nombre, ils étaient plus propres à la composition d'un ouvrage spécial qu'à une Dissertation sur les eaux thermales, dans laquelle on ne veut pas dépasser certaines limites consacrées par l'usage. J'ai donc été forcé de me renfermer dans un cadre plus resserré. L'objet de ce travail dut me faire choisir parmi mes recherches.

Celles que j'avais faites sur les eaux minérales de Plombières, si justement renommées depuis bien des siècles, m'offrirent seules un sujet intéressant à traiter; mais je suis loin de croire que j'aie rempli la tâche que je me suis imposée.

J'ai divisé cet ouvrage en deux parties. La première est une notice sur les antiquités de Plombières. La deuxième comprend cinq sections : la 1.re contient des généralités topographiques; la 2.e renferme la bibliographie; la 3.e présente les systèmes émis sur la cause de la chaleur des eaux de Plombières; dans la 4.e on trouve les analyses; dans la 5.e, les opinions sur la cause de la chaleur des eaux et sur leur vertu.

1.° J'aurais donné plus d'extension à la topographie, si ce qui est relatif aux eaux ne m'avait entraîné dans des détails et des discussions qu'il était difficile d'éviter. On ne pourrait guère en parler sans se livrer à des généralités sur Plombières. Je me suis donc décidé à ne traiter des eaux minérales qu'après avoir exposé des considérations topographiques et médicales sur le pays qui les possède.

2.° Désirant offrir tout ce qui peut exister de plus ancien et de plus exact sur Plombières, je me suis attaché particulièrement à faire connaître les auteurs les plus rares. Cette bibliographie nous paraît donner la véritable étymologie du nom de Plombières. Nous avons tâché de la rendre complète.

3.° Tous les auteurs qui ont écrit sur les eaux de Plombières ont cherché à expliquer la cause de leur chaleur, et chacun à son gré a bâti des systèmes. Rapporter en totalité leurs idées et leurs analyses, ce serait donner un volume sur cette matière. Nous en avons fait un résumé succinct.

Quoique les nouvelles découvertes aient exclu et changé la plupart de ces théories, les plus anciennes même ne laisseront pas que d'offrir quelque intérêt. On pourra suivre dans ces systèmes les progrès de la science sur cette branche de la chimie et de la physique générale.

4.° Toutes les analyses des eaux de Plombières qui ont été faites à différentes époques, étaient incomplètes ou inexactes; mais on ne peut attribuer l'imperfection des travaux qui ont été entrepris sur ces eaux, aux hommes qui les ont exécutés; ils étaient tous d'un mérite plus ou moins recommandable, et tous ont été aussi loin que l'état de la science le permettait D'après leurs moyens d'analyse, les résultats ont été disparates : de là ces disputes continuelles sur les principes constituans de ces eaux et sur leur manière d'agir.

Deux chimistes d'un mérite marquant, Nicolas et Vauquelin, ont enfin fixé les idées sur les principes chimiques qui constituent les eaux de Plombières. C'est particulièrement au professeur Vauquelin, exercé dans l'art difficile des expériences et des analyses, qu'il était réservé de nous faire connaître avec précision les principes chimiques qui entrent dans la composition de ces eaux.

5.° Dans la première édition j'avais fait part de mes réflexions sur la cause de la chaleur des eaux de Plombières et de leurs vertus; je n'ai pas cru devoir les publier en totalité dans celle-ci. Quoique je sache qu'on regarde comme hasardée toute explication qui n'est pas appuyée sur des preuves incontestables, il me semble cependant qu'on peut aujourd'hui chercher à se rendre compte de ce phénomène comme de leurs propriétés médicinales.

JAQUOT, AMÉ.

RECHERCHES HISTORIQUES

SUR L'ÉTABLISSEMENT DE PLOMBIÈRES.

Aspect ancien d'une vallée des Vosges où se trouvent les eaux thermales de Plombières.

Une vallée profonde et resserrée par les montagnes, dans la direction de l'est à l'ouest, traversée par un torrent encombré de masses de granit roulé, au milieu duquel des sources chaudes s'étaient fait un passage; la pente abrupte des montagnes, couverte par l'écroulement des bancs de grès qui dans l'origine en formaient la crête; l'intervalle rempli par les forêts: tel était probablement l'aspect du pays lorsqu'il fut exploré et au moment même où l'on vint y fonder un établissement.

Le torrent, presqu'à sec dans plusieurs époques de l'année, avait alors, dans cette partie où sourdent les eaux thermales, une température assez élevée pour que l'on pût s'y baigner. Il est présumable que dans les premiers temps de la fréquentation de cette vallée il n'y eut pas d'autres bains que les bassins naturels creusés dans le rocher, ou qui se trouvaient tout formés par les pierres éboulées des montagnes.

Les anciens donnèrent à ce torrent le nom d'*aquis Grannum*, de *Grannus*, surnom d'Apollon, dieu de la médecine et des eaux médicinales.

Étymologie du nom de Plombières.

Il est évident, si on consulte les auteurs rapportés dans cette Dissertation, que les eaux de Plombières ont donné leur nom à l'endroit où on les a découvertes, *Plumber* ou *Plumbariæ*, tel est le nom qu'elles ont reçu, d'après l'idée qu'on s'était faite qu'elles contenaient du plomb.

Dans un temps où les moyens d'analyse n'étaient pas connus, on classait les eaux minérales d'après les substances qu'on présumait y exister. C'était toujours une des principales, la plus marquante, qui servait à les distinguer. Ainsi elles contenaient de l'or; de l'argent, du cuivre, de l'étain, du plomb, etc. Voyez *Agricola* et *Bartholomée*, où elles sont rangées d'après ces dénominations. *Baccius* dit positivement : *In Lotharingis porro celeberrima balnea quæ inter plumbeas aquas describentur.*

Bien long-temps avant ces auteurs, les premiers médecins qui écrivirent sur les eaux minérales, les avaient déjà classées d'après cette division.

Si l'on peut appliquer l'étymologie celtique *Louc houl*, *Eau du soleil*, à Luxeuil, ne serait-il pas présumable que, d'après cet emblême donné à l'or par les anciens, ce nom équivalût à *Eaux-d'or* ou *aurifères ?*

Les Celtes, dans un site heureux, mirent leur établissement sous la protection du soleil, et attribuèrent à l'influence de cet astre les propriétés salutaires des eaux de Luxeuil; serait-il donc déraisonnable de penser qu'au milieu d'une vallée profonde, couverte de forêts, où les rayons du soleil avaient peine à pénétrer, ils eussent mis d'autres établissemens sous l'empire de Saturne?

Non-seulement les métaux et les médicamens furent, dans l'antiquité, placés sous la dépendance des corps célestes; mais la plupart des eaux minérales le furent aussi sous la protection d'une des sept planètes. De-là, confusion des signes avec l'existence présumée des métaux qu'ils représentaient dans les eaux minérales.

Aussi voyons-nous que les nombres 3 et 7 sont encore révérés à Plombières et consacrés, pour ainsi dire, dès la plus haute antiquité dans le nombre 21, qui forme le complément des jours ou du temps que l'on doit se baigner. Ainsi le nombre 3, multiplié par 7, a formé ce que l'on nomme une saison à Plombières.

On ne peut disconvenir que cette division du temps en saison de 21 jours ne soit très-ancienne; elle est fondée sur une période qui perd son origine dans les siècles les plus reculés.

La semaine composée d'une série de jours dont chacun porte encore aujourd'hui le nom d'une des sept planètes, forme cette période. Soit hasard, soit système, la saison se termine par un nombre impair, dernier jour de la troisième semaine, d'où il résulte un rapprochement assez singulier du nom de la planète, du jour qui lui correspondait, et de l'eau minérale sous l'influence de laquelle elle était placée.

Le plomb ou le saturne des alchymistes étant considéré comme un des principes contenus dans l'eau minérale, on la nomma *Plumber* (*plumbiferens*), eau qui porte, qui contient du plomb; *Plumber*, où *ber* est employé pour *fer*, c'est-à-dire *ferens plumbum*, comme *saluber*, où *ber* est aussi employé pour *fer*, *ferens salutem*.

Dans les 13me et 16me siècles l'on nomma ces eaux *Plumbariæ*, et le nom de Plombières provint de ces différentes dénominations.

Comme étant mieux adapté au génie de leur langue, les Germains se servirent de préférence du nom de *Plumber* à celui de *Plumbariæ*, qu'ils conservèrent cependant en écrivant en latin. Dès-lors ils appelèrent l'établissement de Plombières : *Plumber* ou *Plumbers-bad.* On trouve quelquefois, mais plus rarement, *Plummer* ou *Plummers;* ce mot qui a la même origine que les précédens, est évidemment écrit pour *Plumbers*, sous entendu *Bad* (bain).

A la vérité, les titres suivans portent *Plommières*, *Plommeires*, *Plumières.* On remarquera la variété de ces dénominations, qui ne sont que des contractions en patois lorrain, d'un seul et même nom, comme *Plummers* de *Plumbers*, en allemand.

1295. — Une charte du duc Ferry III porte :	*Plommières.*
1297. — Le même duc, dans son testament, appelle son fils Ferry, sire de..........	*Plommeires.*
1391. — Un titre où est rappelé Ferry de..................	*Plumières.*
1565. — Gunthier dit qu'en français on les appelle..........	*Bains-Plumiers.*
1576. — Jean le bon.............	*Plommières* ou *Plombières.*

Depuis ces différentes époques, l'ancien patois du pays a toujours subi quelques modifications. Au lieu de *Plommeires*, les paysans prononcent aujourd'hui *Piommeires*, en changeant *l* en *i*, comme ils ont coutume de le faire dans les mots où ces lettres se rencontrent : ainsi au lieu de *Plomb*, ils prononcent *Piom*, d'où ils ont fait *Piommeires;* et c'est à tort que quelques auteurs ont voulu s'en tenir au mot de *Plumières*, et chercher une étymologie dans un mot tronqué et corrompu.

Eau-Gronne.

Déjà avant nous, D. CALMET avait fait sur l'étymologie du nom d'Eau-Gronne, des recherches que l'on doit consulter. (Voyez Trait. hist. pag. 42 et suiv.)

Grannum était jadis le nom que portait le bourg de Saint-Loup, situé à quatre lieues au-dessous de Plombières; la rivière d'Eau-Gronne le traverse, l'étymologie du nom de Grannum, affecté à ce bourg, est encore inconnue. Cependant il est probable que cette localité aurait pris le nom des eaux qui arrosent son territoire.

Époques relatives à l'histoire du pays, à l'antiquité des bains et de la ville de Plombières, tirées des Chroniques antérieurement à 428 — 937.

Les villes de Plombières, de Bains, de Luxeuil, de Bourbonne, ne possèdent aucun document certain sur leur origine; vu leur genre d'établissement, il est probable qu'elle date de la même époque. Les antiquités découvertes à Luxeuil, le nom même de cette ville, sont une preuve irrécusable que les Celtes l'habitèrent. Une inscription trouvée près des bains suffirait seule pour donner à la fondation de la ville une époque bien antérieure à la domination des Romains dans les Gaules.

Il y a tout lieu de croire que les bains de ces établissemens, bâtis par les Celtes, ont été réparés et augmentés par les Romains[1]. Il est probable aussi que plus d'une fois le pays fut abandonné, et que les bains tombèrent en ruines.

Chroniques (1.re série, hypothétique).[2]

Jules-César, selon la tradition et quelques chroniques, avait fait travailler à Plombières, où il aurait envoyé ses soldats malades ou blessés, pour y trouver du soulagement et la guérison. — On n'a aucun monument certain dans l'antiquité, que Jules-César ait jamais pénétré dans les montagnes des Vosges; mais son lieute-

1 Les Vosges étant devenues une colonie des Romains, ceux-ci connurent les propriétés des eaux par les renseignemens des Druides. (Lebon.)

2 La deuxième série se trouve dans nos chroniques, déposées à la bibliothèque du département.

nant Labienus vint dans la Séquanie supérieure, au pied des Vosges, à quatre lieues de Plombières, et répara les bains de Luxeuil par ordre de César. Il est présumable que ceux de Plombières ne lui furent pas inconnus.

428. — Aëtius, patrice et général des armées romaines dans les Gaules, est supposé avoir fait rechercher les eaux qui étaient dispersées dans le vallon où est situé Plombières, pour les rassembler dans un bain. — Cette tradition est la même à Bourbonne, où il y a un bain qui porte encore aujourd'hui le nom de bain patrice; et à Bains une des sources chaudes porte le nom de *romaine.*

451. Attila, roi des Huns, fait une irruption dans les Gaules; il ravage la ville de Luxeuil, située à quatre lieues de Plombières.

484. Ambron, fils puîné du roi Clodion le chevelu, second roi de la race mérovingienne, étant tombé par hasard dans le vallon de Plombières, aux environs duquel il chassait, et ayant trouvé les bains presque ruinés et abandonnés, y fit faire des réparations considérables.

600. Saint-Romaric ayant bâti un monastère sur la montagne *Rumberg*, aujourd'hui le *Saint-Mont*, les contrées voisines commencèrent à se peupler, et les bains de Plombières devinrent plus fréquentés qu'auparavant.

888. Les bains de Plombières connus sous le nom de bains de la reine. (Voyez Lebon, dans son Abrégé sur la propriété des bains de Plombières, et les recherches de D. Calmet sur cette dénomination. Traité historique, page 22 — 23.)

910 — 937. — Trois irruptions des Huns en Lorraine. On sait positivement que, depuis le rétablisse-

ment de Luxeuil par St Colomban et ses disciples, en 590, cette ville a été ruinée deux fois par les Huns. Plombières, éloigné de quatre lieues, a probablement eu le même sort.

Une chronique fait remonter l'époque de l'établissement des bains de Plombières au 5.me siècle. Nous la rapporterons d'après un auteur dont la relation diffère un peu de celle que l'on a donnée jusqu'à présent.

« Aubron (ou Ambron, selon aucuns), fils puîné de « Clodion le chevelu, s'acheminant du costé d'Alsatie, « fit ceindre de murailles la ville de Strasbourg qu'il « trouva toute démolie, et remarquant auprès de Nom- « meny une belle haute et ronde montaigne, il y bastit « le chasteau de Toulon, duquel elle porte le nom, « et les vestiges y paroissent encore à présent : Nom « qui a déceu plusieurs, qui le prenoient pour la ville « de Toul en laquelle il n'y a point de chasteau. Puis « en passant chemin il fist construire le chasteau d'És- « pinal, et réédifia les Bains de Plumiere en l'an quatre « cent octante et quatre. Thybourel, 1611. »

Ce que nous avons de plus certain, touchant la fréquentation des bains de Plombières, est le passage de la chronique de Colmar, qui reporte en 1292 la construction du château de Plombières, par Ferri III, duc de Lorraine. (Voyez la bibliogr.)

Le second document dont il soit fait mention dans les archives, est une transaction passée entre le prince Ferry et les dames de Remiremont, en date de l'année 1295, au sujet de ce château, où il est parlé du bain de la reine.

Ouverture des bains de Plombières.[1]

« Afin de faire connaître les franchises du pays et « la sûreté dans lesquelles ils entendaient que l'on fût « à Plombières, les ducs de Lorraine ordonnèrent qu'à « perpétuité tous les ans la veille du premier de Mai, « le prévot d'Arches et le lieutenant S. Pierre de Remi- « remont viendraient à Plombières avec l'enseigne de « la prévôté. Les habitans des villages qui dépendaient « de cette juridiction, capables de porter les armes, « étaient alors convoqués. L'on s'assemblait le soir de « ce jour à l'entrée du bourg, et de là mis en rangs, « enseigne déployée et tambour battant, l'on se diri- « geait vers le grand bain pour en faire trois fois le « tour avec les acclamations de vive S. Pierre, vive son « Altesse Royale. Alors le greffier du lieu publiait à « haute voix, sur la muraille, les ordonnances et dé- « fenses faites par le souverain pour la sûreté des bai- « gneurs[2]. Ce bain était orné de lauriers, de fleurs et « de feuillages, et illuminé par de grands falots d'écorce « de bois de peuplier. A chaque tour l'on répétait l'avis « de ne faire noise aux franchises du lieu, et les habi- « tans, armés de mousquets, recevaient alors le com- « mandement de faire feu. Comme cette cérémonie se « faisait à l'entrée de la nuit, qu'il y avait grande affluence « de curieux, cette troupe d'habitans armés, précédés « d'hommes du lieu qui portaient chacun un falot, « d'autres placés dans les rangs marchant en bon ordre, « présentait un spectacle, ou plutôt une fête, qui rap-

---

1 Notes extraites des archives du Chapitre de Remiremont; ann. 1541 — 1701; *idem*, de ROUVEROY, ann. 1695.

2 Voyez ces ordonnances dans le Voyage de MONTAIGNE en Lorraine; ann. 1580.

« pelle les mœurs, les usages et coutumes de ce « siècle.[1] »

Cette fête militaire est aujourd'hui remplacée par une fête religieuse. Le troisième jour des Rogations, au matin, les congrégations d'hommes et de femmes avec leurs bannières, précédant le clergé, viennent en procession et assistent à la bénédiction des bains. On y lit l'Évangile S. Jean, chap. V, guérison du paralytique de la piscine. L'ouverture des bains est dès-lors remise au 15 ou 16 de Mai. Les autorités administratives, les Maires, le Conseil municipal, les Inspecteurs ou Intendans des eaux, assistaient autrefois à cette cérémonie.

---

1 Des marchands forains venaient à cette fête étaler aux yeux des curieux et offrir à la multitude les nouveautés de la saison : de là provient la foire du premier de Mai.

DISSERTATION

SUR LES

EAUX THERMO-MINÉRALES

DE PLOMBIÈRES.

Généralités topographiques.

L'ORIGINE de la ville de Plombières n'est pas connue; des ruines souterraines en attestent seules la haute antiquité : elle est située sur la frontière méridionale du département des Vosges, au centre du canton et des communes dont elle est le chef-lieu; le Valdajol au midi; Ruaux au couchant; Bellefontaine au nord-est, et les Granges au nord.

Elle est distante de 4 lieues[1] nord et à 150 mètres au-dessus des eaux minérales et thermales de Luxeuil (Haute-Saône), à pareille distance à l'est et à 125 mètres au-dessus de Bains (Vosges), à 13 lieues à l'est et à 152 mètres au-dessus de Bourbonne (Haute-Marne), à 5 lieues sud d'Épinal, à 2 et demie ouest de Remiremont,

[1] L'on compte aujourd'hui 4 kilomètres par lieue de poste et 5 par chaque lieue de pays.

à 18 sud-est de Nancy, à 18 nord-est de Besançon, à 36 sud de Strasbourg, à 90 sud-est de Paris.

Plombières est dans un vallon très-resserré, formé par deux montagnes de hauteur différente, élevées au-dessus de son niveau de 384 à 456 pieds. Environ deux cents maisons, d'un extérieur assez apparent, adossées contre les montagnes, forment cette petite ville. Une grande partie du côté méridional, depuis l'église jusqu'au-dessous du bain neuf, se trouve posée sur la rivière.

Les maisons de la ville sont considérées comme autant d'hôtels garnis, où règne, par tradition, la plus grande propreté, et dans le plus grand nombre desquelles on trouve aussi la nourriture. MONTAIGNE parlait déjà de l'aménité de lieu, commodité de logis, facilité de vivre, que l'on trouve à Plombières.

Il y a trois routes qui y descendent : celle d'Épinal au nord, de Remiremont au levant, celle de Luxeuil au midi. Une route d'embranchement à l'ouest était à désirer ; et l'on s'en occupe aujourd'hui.

Les bains ou bâtimens d'eaux thermales, situés au centre de la ville, sont au nombre de cinq ; quatre appartiennent au Gouvernement : le grand bain, le petit bain, le bain royal, le bain neuf : dans ces deux derniers on trouve des salons toujours ouverts, qui sont destinés aux plaisirs et à l'amusement des baigneurs ; plus, le bâtiment de la fontaine du chêne, où étaient autrefois des salons créés par la munificence de Stanislas, destinés aux mêmes usages que ceux du bain neuf, aujourd'hui partagés pour les logemens temporaires des Sous-Préfets et des inspecteurs. Le cinquième est le bain des dames, appartenant à un habitant de la ville.

Les Préfets ont à Plombières une très-jolie maison

de campagne, adjacente au bain neuf, donnant sur le jardin de cet établissement, avec des bains particuliers.

On y remarque un hôpital attenant à l'église, fondé en 1390, agrandi en 1739, desservi par des sœurs de Charité, dans lequel les pauvres étrangers qui ont besoin des eaux, sont reçus pour trois semaines, et remplacés successivement par d'autres, depuis le 15 Mai jusqu'au 15 Septembre.

Le vallon est traversé dans sa longueur par un torrent qui prend sa source dans la montagne du Hazard, à deux lieues et à l'est de Plombières. Il fait aller plusieurs usines : quoique très-peu considérable, il grossit beaucoup dans quelques circonstances. Quatre fois, de dates certaines, Plombières n'a pu résister à l'impétuosité de ses eaux.

Par suite d'une répartition territoriale mal entendue, la ville de Plombières, déjà si resserrée en elle-même, est en quelque sorte renfermée dans l'espace compris entre ses deux extrémités. Il en résulte inévitablement de très-graves inconvéniens pour ses avantages généraux et particuliers.

De belles promenades, régulières dans leur disposition, embellissent la ville; quoique faites pour être fréquentées, elles ne sont pas préférées aux sentiers escarpés et aux chemins difficiles qui conduisent à différentes hauteurs, d'où l'on jouit d'une vue délicieuse. Cette prédilection peut avoir ses avantages dans bien des cas, et CELSE déjà faisait l'éloge des promenades sur un sol inégal et varié, lorsqu'il dit : *Atque hæc (ambulatio) non ubique plana commodior est; siquidem melius ascensus quoque et descensus cum quadam varietate corpus moveat.*

Généralement parlant, l'aspect du pays est agreste

et sauvage; mais il ne laisse pas que d'être agréable dans la belle saison, par la beauté des sites. Le sol est peu fertile, et de nature vitrifiable. Toutes les montagnes du canton sont primitives et dans la direction de l'est à l'ouest; la pente des vallées suit la même direction. Au levant, elles sont couvertes de sapins; le couchant, moins élevé, est ombragé par des hêtres et des chênes. La crête, d'où partent les trois chaînons du midi, du centre et du nord, a 394 toises au-dessus du niveau de la mer : la plupart offrent à leur surface un assemblage de grès, de cailloux, de granits, etc., comme dans toutes les Vosges : l'air y est salubre; le froid s'y prolonge ordinairement : on n'y trouve aucun insecte venimeux. Les eaux des fontaines sortent du rocher, roulent, de même que les ruisseaux, sur un sable pur ou sur les cailloux : la pente du vallon ne permet pas qu'elles demeurent stagnantes un seul instant. La grande propreté qui règne partout, et les vents qui traversent Plombières, renouvellent constamment l'air. La salubrité du sol, les bonnes qualités de l'eau, la pureté de l'air, semblent s'opposer au développement des maladies épidémiques; si quelque épidémie a régné dans ces lieux, ce ne fut peut-être qu'à la suite de quelque grande disette, qui força les plus pauvres habitans à faire usage d'une nourriture malsaine, ou bien de quelque autre cause accidentelle, indépendante des qualités de l'air, du lieu et des eaux.

Le climat est assez tempéré; mais il offre de singulières variations dans toutes les saisons de l'année. Les vicissitudes atmosphériques y sont brusques. Le passage subit du chaud au froid, diversement modifié, a lieu dans tout le cours du printemps, de l'été et de l'automne.

Dans les années sèches la chaleur s'accumule au

milieu du vallon et de la ville, et en hiver le froid y devient parfois excessif.

Les montagnes, autrefois beaucoup plus couvertes de bois, attiraient les nuages et nous amenaient les pluies périodiques du solstice d'été, dites dans le pays les pluies de la Saint-Jean, qui ne manquaient pas de se présenter toutes les années à cette époque. Aujourd'hui qu'elles sont en partie découvertes, ces pluies sont irrégulières, moins fréquentes ou tardives; mais en tout temps le serein y est très-pernicieux, et l'on doit se retirer de bonne heure, si l'on veut se préserver de son influence malfaisante, bien plus dangereuse encore pendant la saison des eaux.

Les vents dominans sont le sud-ouest et le nord-est. Le premier y est souvent impétueux. Le concours réuni du nord-ouest et du sud-ouest donne lieu aux orages, à la grêle et aux ouragans. Les détonations et les déflagrations y sont des plus fortes; mais la foudre laisse rarement des traces funestes de son passage, même sur le plateau des montagnes; elle ne tombe jamais dans le vallon.

Les courans d'air y sont presque toujours en raison inverse du vent qui domine. Si les nuages sont dirigés au nord-est, on voit les fumées aller au couchant, et *vice versa*, ou bien dans une direction qui suit la forme irrégulière que donnent à la vallée les mamelons de montagnes. Ce phénomène se remarque souvent à Plombières; mais il n'est pas particulier à ce lieu.

Les brouillards n'y sont pas fréquens, comme dans les vallées arrosées par de grandes rivières; ils affectent des périodes que l'on n'a pas encore déterminées.

Les tremblemens de terre sont rares. Ceux qui, jusqu'à présent, eurent lieu, n'exercèrent aucune influence sur les eaux thermales : on ne peut se dispenser de rappeler celui de 1682, comme fait mémorable dans le pays. [1]

La population de la commune, depuis très-long-temps, s'était maintenue à 1186 individus. Depuis l'an 1813 jusqu'à 1830, elle s'était portée jusqu'à près de 1400; aujourd'hui elle décroît sensiblement. L'on ne doit pas attribuer cette différence à l'influence du climat et de ses variations, car c'est pendant l'hiver qu'il y meurt le plus de monde, et cette saison emporte tous les ans quelques vieillards, mais à l'état de gène dans lequel se trouve le pays : l'on cherche actuellement à remonter aux causes premières qui nuisent à sa prospérité.

Pendant un certain temps, et surtout depuis l'exploitation de la tourbe dans les marais du nord; exploitation occasionée par la ruine d'une partie des forêts, la fièvre pétéchiale, plus connue parmi les habitans sous le nom de pourpre, régna épidémiquement. On a remarqué que les sujets le plus fortement constitués en étaient beaucoup plus vite atteints, et que les enfans résistaient mieux à son invasion. Cette différence dans la mortalité, considérée sous le rapport de l'âge des individus, était parfaitement d'accord avec le grand nombre d'orphelins qui s'y rencontraient. Les ravages que fit cette maladie dans les années 1793 et 1794, répandirent la consternation parmi les habitans. Depuis elle perdit toute son intensité, et aujourd'hui elle n'y règne que sporadiquement.

Les maladies les plus fréquentes dans le canton de Plombières sont les fièvres inflammatoires, sur les montagnes. Le pourpre est plus commun sur le plateau du nord, d'où cette maladie s'est propagée épidémique-

---

1 L'abbé Bertholon, Mém. de l'Acad. de Montpellier. — Journal des savans, an 1682. — D. Calmet, Traité hist. des eaux de Plombières, page 112, 119.

ment à Plombières. Les dysenteries se présentent plus particulièrement au sud ou au nord, et les scrofules actuellement dans tout le canton. On y observe des hydropisies, provenant le plus souvent d'affections antécédentes, et quelques mœlenas à la suite d'écarts dans le régime. La fréquence des catarrhes, des rhumatismes aigus, est beaucoup plus grande que celle des asthmes et rhumatismes goutteux. L'asthme y est souvent héréditaire. Les goîtres s'y rencontrent dans une faible proportion, et presque toujours chez les femmes. Le nombre des phthisies varie suivant le genre de travail des habitans; mais elles ne sont pas fréquentes. Les hernies y sont assez communes.

La petite vérole, autrefois meurtrière, est, depuis l'introduction de la vaccine, absolument éteinte. Ce préservatif fut adopté avec rapidité ; et on peut dire à la louange des habitans, que leur pays fut peut-être un de ceux où il trouva le moins de détracteurs.

Il résulte de l'habitude de tenir les enfans au maillot, certains vices de conformation. Le plus défavorable, pour les femmes surtout, est un bassin mal conformé. L'on remarque plus particulièrement cette difformité dans les lieux où existe encore cette mauvaise éducation physique des enfans.

Malouin, dans son Mémoire, cherche la raison des difformités dont le plus grand nombre des habitans sont incommodés. Il l'attribue à deux causes : aux circonstances atmosphériques et à l'inattention des pères et mères, qui négligent leurs enfans et qui les abandonnent à eux-mêmes pendant une partie de l'année.

Il y a quelques célibataires dans les deux sexes, et plus chez les femmes que chez les hommes. En général, les femmes sont fécondes, et l'on a même vu plusieurs familles de vingt-deux enfans réunis.

On ne peut disconvenir que les effets d'un air pur fortement oxigéné et électrique, l'usage de bains chargés de fluide galvanique, doivent influer favorablement sur la fécondité et sur ses résultats. Si aujourd'hui les familles sont moins nombreuses, cela tient à des causes qui peuvent exister partout ailleurs.

Dans la première édition de cet ouvrage, en 1813, nous avions exposé nos recherches sur les causes occasionelles des maladies qui affectaient plus particulièrement quelques localités. Depuis cette époque ces causes ont éprouvé des modifications, et par suite la durée, la fréquence et la gravité des maladies ont aussi varié.

Nous trouvions la cause des fièvres intermittentes, lorsqu'elles avaient lieu dans quelques parties du canton, dans la disposition du local, privé d'un courant d'air propre à chasser les vapeurs qui s'élèvent des eaux stagnantes et du sol constamment humide, comme le dénotent les sphaignes, qui y abondent.

1.° Il était facile de remédier à cette cause pathogénique, sans léser les intérêts du Gouvernement, en élaguant les bords de quelques forêts sur toute la longueur de la dépression du sol irrigué, et en lui donnant une largeur à peu près égale sur toute cette longueur, suivant le plus ou moins de pente qu'offrent ses côtés.

2.° En desséchant et en changeant la nature du sol tourbeux ou trop aquatique.

Les fièvres intermittentes n'existent jamais à Plombières. Cette particularité tient à la configuration de la vallée, à sa profondeur et à sa largeur, à la hauteur des montagnes qui la dominent. On peut rapporter à ces causes le genre de construction des maisons, le genre de nourriture et de travail des habitans. La vallée de Plombières se trouvant dans des circonstances opposées à leur développement, il n'est pas étonnant que les fièvres intermittentes ne s'y présentent pas et qu'en général les maladies y soient plutôt inflammatoires qu'adynamiques.

On pouvait de même attribuer à l'action prolongée de ces causes, au tempérament et à la constitution des habitans, la présence des scrofules qui n'existaient pas à Plombières; mais elles s'y propagent, quoique faiblement, depuis les années 1813 et 1815.

Après une époque de quarante ans, l'automne de 1834 donna lieu à une dysenterie vermineuse qui envahit plusieurs paroisses de l'arrondissement. Elle n'affecta qu'une seule rue à Plombières, la rue d'Ajol. Elle ne sévit d'une manière funeste que sur un très-petit nombre d'individus. Elle attaqua de préférence les femmes et les enfans.

En l'an 3 (1794) la dysenterie était occasionée plus particulièrement par la chaleur humide de l'automne, par une mauvaise nourriture et par l'abus de fruits; elle se propagea secondairement à Plombières. Elle devint épidémique pour tout le canton et fut plus meurtrière au sud que partout ailleurs.

En 1832, l'épidémie asiatique s'est arrêtée au pied des montagnes des Vosges, au nord et au sud et même sur les alluvions qui en proviennent. En 1833 et 1834, l'épidémie connue vulgairement sous le nom de *grippe*, s'est bornée à quelques individus; elle a été des plus bénignes.

Ce serait le cas de parler de la constitution, du tempérament et par suite du caractère, des mœurs des habitans du canton, séparés par la vallée de Plombières, et de l'influence des eaux minérales et thermales; nous ne pouvons tout embrasser dans cette dissertation; cet article appartient à la topographie générale du pays.

Systèmes des montagnes entre lesquelles est situé le canton de Plombières.

Une chaîne de montagnes dont la direction se trouve du sud au nord, présentant plusieurs points de dépressions ou cols, un cirque et des plateaux; des rameaux qui s'étendent obliquement de l'*est* à l'*ouest*, entre lesquels on remarque des vallées profondes; les vallées resserrées par des masses de granits ou siliceuses, rompues par une cause violente; tel est le système géologique du pays, pris en général.

La base des montagnes de la vallée de Plombières, dans cette partie où jaillissent les eaux thermales, est une roche granitique, recouverte d'une roche granitoïde, au-dessus de laquelle est une couche de poudingues, surmontée par la masse compacte des grès quartzeux qui forment le sommet des montagnes.[1]

Minéralogie.[2]

Hérival et Valdajol. — Silex ligniforme, sous l'aspect de bois fossiles et de pétrifications; argilolites, argilophyres : la Viehgoutte, Montagne du ban. — Grünstein ou pétrosilex, sur les rochers de la Cascade. — Passage du jaspe proprement dit au jaspe quartzeux, ou au silex pyromaque ou de pierre à fusil, tombant en décomposition; pierre à aiguiser, entièrement dé-

---

1 A l'exception de la roche granitique, l'on peut facilement calculer la hauteur des trois autres couches.

2 Les bornes que je me suis prescrites ne me permettent pas d'insérer ici tout ce qui a rappport aux substances minérales. Un détail plus en grand trouve plus naturellement sa place dans la Statistique générale du canton, ou convient mieux dans des mémoires particuliers. Voyez Archives de la Biblioth. du départ.

composée, donne une sorte de porcelaine infusible : le Gué-arr, la Vêge. — Géodes de quartz cristallisé ou de cristal de roche : la Vêge. — Mine de fer spéculaire ; *idem* fouilles ouvertes sur les bords du ruisseau pour son extraction.

Section du bois d'Hérival. — Grès poudingue à gros grains, avec sulfate de baryte cristallisé en crête de coq ; rare. — Terre à porcelaine, blanche et rouge : la base de la montagne du Haut-du-Seuil. — La rivière roule une roche de hornblende ou amphibolique de Haüy, et de granite intercalé avec le gneiss.

Section du Gyrmont et la précédente. — Sur les deux pentes des roches du Haut-du-Seuil (Chanot-Harou) et de la Vêge, qui forment le passage naturel du Valdajol à celui d'Hérival, c'est-à-dire, la grande coupure qui les sépare, nommée la Pente-Voie : quartz améthyste. — Quartz grenu en état de frite, parsemé d'oxide de fer noir ; *idem*, imprégné de fer en forme de scories ; *idem*, recouvert de fer oligiste ; *idem*, quartz rouge, en forme de brèche. — Passage du quartz au jaspe. — Spath pesant : le sommet de la Vêge.

Section de Courupt. — Mica blanc, au Claus-le-Ris. — Sur le granit formant le noyau de la montagne, repose le grünstein ou pétrosilex de Saussure, composé de hornblende, entremêlé de veines de quartz, dans lequel il y a du feldspath.

Section de la Chapelle. — Roches porphyroïdes (le Mont). — Silex ligniforme ou hornstein noir veiné, semblable à du bois fossile agatisé : les Auë-Bœux et au-dessous ; *idem*, sous les mêmes formes et nuances que celui d'Hérival ; *idem*, argilophyres, argilolites et géodes, avec bolides sous différens aspects. — Mica et feldspath, gneiss : le pied du Mont à l'est. — Mine de fer micacé, avec laquelle l'on trouve une très-belle terre à porcelaine infusible ; kaolin : le pied du Mont à l'ouest. — Mines de fer micacé, ouvertes et abandonnées : au pied du Mont vers le centre ; *idem*, même montagne, au lieu dit le Haymont. — Grès avec filon de quartz cristallisé ; passage du quartz au grès : le haut du Mont.

Section d'Hamanxard. — Pierre hématite ou pierre sanguine. — Mine de fer miroité. — Quartz haché de Haüy : à Chatillon.

Section d'Outremont. — Poudingue composé de quartz, de pierre à fusil, ou pyromaque rouge et gris de Haüy. Le hornstein de Werner ; le rouge se rapprochant de la cornaline, et le jaune du jaspe ; contenant de petits filons de mine de fer. — *Grauwacke* ou grès de charbon, d'après le nom allemand *Kohlen-*

sandstein, grès houiller, mais ayant plus de rapport avec l'anthracite.

Section de la Chaume. — Terre glaise qui pourrait être propre à la fabrication des tuiles et briques; on l'emploie pour bâtir en terre.

Section de la Côte. — Mine d'anthracite ouverte du sud au nord en 1787. Filon de blende, de charbon ou fausse houille non combustible, dirigé de l'est à l'ouest; sa profondeur inconnue; roche du fond, granitoïde, particulière, qui indique du minérai; roche d'avant; *idem* argileuse et ferrugineuse, aux Œuvres. — Grès blanc, légèrement micacé; une des meilleures et des plus belles qualités du canton pour pierre de taille, sortant de la carrière 79 k. le pied cube; sec 75 $^1/_2$ k. Deux sortes en feuilles: le Chanot du Moncel.

Section de la Croisette. — Grès blanc, schisteux, en bancs, en murjets. — Sur le plateau et sa pente septentrionale : cailloux roulés de jaspe quartzeux, de roche quartzeuse, de roches porphyroïdes, de quartz noir, de quartz hyalin, etc., semblables aux roches de la Pente-Voie; voy. *Section du Gyrmont.* — Banc de poudingues saillans au-dessus du sol : le moulin Taqueret à Chèvre-Roche.

Section de la Montagne. — Beau grès, mais dur et difficile à tailler dans quelques localités; dans plusieurs autres, semblable en général à celui de cette partie du canton; *idem* avec spath pesant en grande masse; *idem* schisteux noir-bleuâtre, coloré par le fer et la manganèse, ou bigarré par l'oxide; fer jaune avec taches symétriques; *idem* avec argile bleuâtre.

Section du Hario. — Dépôts diluviens, mêlés d'un sable fin quartzeux, de cailloux, de blocs de granits, amoncelés; blocs erratiques de granits superposés : la plaine ou cirque d'Hohlichan. — Syénite : extrémité inférieure de la Combe.

Ruaux. — Terre à pipe bleuâtre, fusible. — Grès de couleur brune en bancs; *idem* schisteux ; *idem* blanc en montant. Généralement parlant, la qualité est moins bonne qu'au Valdajol et à Bellefontaine. — Grès bigarré; *idem* avec incrustations fossiles. — Grès blanc schisteux, micacé, avec empreintes de parties de plantes et de reptiles à Clairfontaine. — Grès brun, en bancs schisteux coquilliers au nord du village. — Grès blanc micacé, coquillier, en blocs transportés : section du moulin, versant du plateau au nord.

Bellefontaine. — Terre à poterie infusible; *voyez* Granges de Plombières. — Granit en blocs arrondis au-dessus du plateau au nord-est. — Sables fins et blocs erratiques de granits superposés à Mayeronfaing. — Terrain diluvien, au milieu duquel sont restés des petits lacs peu profonds, qui se sont remplis de débris végétaux, transformés en tourbe. — Baryte sulfatée, cristallisée en forme de grains d'avoine, sur un grès blanc micacé, entouré de terre à pipe: section de la Gabiotte. — Beau grès blanc à bâtir; Pierre de taille de 50 à 60 k. le pied cube. — Grès schisteux ou grès à paver. — *Idem* jaune, bigarré, avec incrustations fossiles : le Réchentreux.

Granges de Plombières. — Terre à poterie infusible, propre aux creusets : sous la tourbe. — Grès à feuillets, propre à la couverture, résistant à la gelée. — Grès en bancs, brun ou blanc, jaune au Tarpenet. — *Idem* avec incrustation de plantes fossiles. — Grès en murjets. — Granites, passage à l'eurite, à la syénite : l'Eaugronne au-dessus de Plombières. — Sable fin, quartzeux, d'un blanc jaunâtre, amoncelé sans matières hétérogènes; dépôt diluvien : le Rimbéprés.

Plombières. — Grès blanc schisteux. — Grès avec sulfate de baryte; rare : au Simsou. — Grès avec incrustations fossiles de plantes; *ibidem*. — Grès Vosgien. — Quartz cristallisé; quartz haché de Haüy. — Poudingues; grès à gros grains, ou grès poudingue de Haüy, composé de quartz coloré; mica; quartz translucide et feldspath. — Brèche siliceuse ou grès à gros grains cristallisé; poudingues entremêlés de hornstein rouge en grandes masses. — Roches feldspathiques tombant en décomposition, avec fer sulfuré en filons : montagnes du sud. — *Idem* pétuntzé; plusieurs variétés en couleur et densité, avec spath fluor cristallisé : les deux montagnes. — Roches granitoïdes, avec bolides dans leur intérieur. — Roches de granit formé de peu de quartz, beaucoup de feldspath blanc et rouge, et de mica. — Pierre roulant dans la rivière; quartz cristallisé sur calcédoine et spath fluor; *idem* quartz en stalactites, se rapprochant de la pierre à fusil. — Cailloux de quartz noir ou brun, traversé par des veines de quartz blanc, très-rapproché du hornstein. — Cailloux du plus beau blanc, quelquefois demi-transparent; quartz hyalin de Haüy. — Mine de fer micacée, avec stéatite : près la fontaine ferrugineuse, montagne du sud. — Mine de fer spéculaire, montagne du nord.

Nota. La roche granitique paraît en quelques endroits avoir été corrodée par les eaux thermales, offrant autant de tubercules, creux en dedans, surmontés d'un point blanc ou nacré, comme la calcédoine, et ressemblant assez, quant à la forme, à de petits champignons de nature siliceuse, nullement attaquables par l'acide hydrochlorique. Serait-ce aussi une concrétion formée par la silice et par attraction.

Plantes.

Dans les murjets croissent : la *Lepraria antiquitatis* ACHAR. ; — le *Lichen corallinus* LINN., ou *Isidium corallinum* DECAND. ; — la *Variolaria faginea* : variété, *orbicularis* ACHAR. ; — la *Cladonia rangiferinus* ACHAR. ; — la *Lobaria caperata* ACHAR. ; — la *Peltidea canina* ACHAR., ou *Lichen caninus* LINN., et les espèces innombrables et indéterminées du genre des *Capitularia*. On y trouve aussi quelques hépatiques ; telles que les *Jungermannia tamariscifolia* ; — *jungerm. undulata* LINN. ; *jungerm. radicans*, HOFFM. ; *jungerm. furcata* LINN., etc.

Sur les rochers granitiques : le *Rhizocarpon geographicum* DECAND. ; — la *Patellaria tephromelas* DECAND. ; le *Bryum alpinum*, etc.

Les roches d'où sortent les eaux savonneuses, sont tapissées de *Marchantia conica* et *polymorpha*.

On trouve sur les murs, adossés contre cette roche, les mousses *Funaria hygrometrica* ; — *Barbula revoluta* HEDW. ; etc.

Au centre des forêts de sapins : les *Hypnum lucens* ; — *Hypn. loreum* ; — *Hypn. proliferum* LINN., ou *tamariscinum* HEDW. ; — *Hypn. parietinum* LINN., ou *splendens* HEDW. ; — *Hypn. muticum* SW. ; — *Hypn. curvatum* SW. ; — le *Sphagnum squarosum* PERS. : variétés blanches, rouges et vertes.

Les prés fangeux produisent : l'*Ophioglossum hirsutum* ou *Clavalaria ophiglossoides* ; le *Polytrichum commune* ; le *Lycopodium inundatum* ; le *Lycopodium clavatum* se trouve sur les plateaux ; — le *Lycopodium complanatum*, sur les coteaux.

FOUGÈRES. — *Blechnum spicant*. — *Scolopendrium officinarum* SW. — *Asplenium ruta muraria* ; *aspl. adiantum nigrum* ; *aspl. trichomanes* ; *aspl. septentrionale* SW. — *Aspidium filix mas*. SW. ; *asp. filix femina*. — *Polypodium vulgare* ; *polypod. dryopteris*. — *Osmunda regalis*. — *Botrychium lunaria*. — *Equisetum palustre* ; *equis. arvense*.

Les champignons étant assez bien connus des paysans de ce canton des Vosges, il arrive peu d'accidens. Les plus employés sont :

la morille comestible, le bolet comestible, l'agaric comestible, l'agaric mousseron, l'agaric oronge-vraie, l'agaric oronge-blanche, l'agaric chanterelle, l'agaric poivré, l'agaric laiteux, etc. La truffe se trouve dans la forêt du ban d'Hérival.

Arbres ou arbrisseaux composant les forêts, les haies, les taillis : *Acer pseudo-platanus*, l'érable sycomore ou faux platane. — *Betula alba*, le bouleau blanc. — *Betula alnus*, l'aune ou verne. — *Carpinus betula*, le charme commun. — *Cornus mascula; corn. sanguinea*, le cornouillier. — *Corilus avellana*, le coudrier ou noisetier. — *Cratægus aria*, l'alisier. — *Cratægus oxyacantha*, l'épine blanche ou aubépine. — *Daphne mesereum*, le daphné, le joli-bois. — *Fagus sylvatica*, le hêtre. — *Fraxinus excelsior*, le frêne élevé. — *Hedera helix*, le lierre. — *Ilex aquifolium*, le houx. — *Juniperus communis*, le genévrier commun. — *Lonicera periclimenon*, le chèvre-feuille. — *Pinus abies*, le sapin. — *Prunus avium*, le cerisier, mérisier. — *Prunus padus*, le putiet. — *Prunus spinosa*, le prunier épineux. — *Populus tremulus*, le peuplier-tremble. — *Quercus robur*, le chêne rouvre. — *Rhamnus frangula*, le nerprun bourdaine. — *Rosa eglanteria*, l'églantier. — *Salix nigra*, le saule noir. — *Sambucus nigra*, le sureau noir. — *Samb. racemosa*, le sureau à grappes. — *Sorbus aucuparia*, le sorbier des oiseleurs. — *Tillia europæa*, le tilleul d'Europe. — *Viburnum lantana; viburn. opulus*, le viorne.

On trouve dans les forêts, les taillis, les haies et leur littoral : le *Cacalia albi-frons* ou *Cacalia petasites*. — *Digitalis purpurea*, la digitale pourprée; seule espèce. — *Erica vulgaris*, *idem :* variété, *alba*, la bruyère commune. — *Fragaria vesca*, le fraisier commun. — *Geum urbanum*. — *Rubus fruticosus; Rub. idœus*. — *Sanicula europœa*, la sanicle d'Europe. — *Vaccinium myrtillus; idem :* variété, *alba*. — *Vacc. oxicoccos*. — *Vacc. uliginosum*, les endroits aquatiques, l'airelle ou myrtille, vulgairement, brunbelles, de *Braunbeere* en allemand, baie-brune.

Les champs en friche. — *Genista scoparia*, le genêt à balais. — *Gen. sagittalis*, le genêt sagittal, les prés des coteaux. — *Gen. tinctoria*, le genêt des teinturiers, les coteaux.

Sur les hauteurs, les coteaux, les collines : *Athamanta meum*, vulgairement, *Badermœnsch*. — *Arnica montana*. — *Carum carvi*, le *Seseli carvi*, vulgairement *Cumin*. — *Chœrophyllum odoratum*. — *Chironia centaureum*, ou *Gentiana centaurea*. — *Jasione montana*. — *Mercurialis perennis*. — *Polygala vulgaris*. — *Teucrium scorodonia*. — *Teucr. chamœdris*. — *Scabiosa arvensis*. — *Tussi-*

lago nivœa Villars. — *Vinca minor, fl. cœrul.; idem fl. purp.* — *Viola tricolor*, violette tricolore ou pensée sauvage.

Dans les prés des vallées : *Anthoxanthum odoratum*, la flouve odorante. — *Menyanthes trifoliata*, le trèfle d'eau. — *Narcyssus pseudo-narcyssus*, à fleurs doubles, Hérival. — *Parnassia palustris*, la parnassie des marais. — *Drosera rotundifolia*; *Dros. longifolia*, le rossolis à feuilles rondes; *idem* à feuilles longues.

Dans les étangs et sur les bords : *Nymphœa alba*, le lis d'étang, blanc. — *Nymph. lutea*, jaune; nénuphar. — *Potamogeton natans*. — *Littorella lacustris*, etc.

(Extrait de notre catalogue des plantes observées dans le canton de Plombières.)

La substance verte qu'on remarque dans le fond du grand bain et qui tapisse ses côtés, était désignée par quelques botanistes sous le nom de *conferva thermalis*. D'autres l'ont rangée dans les oscillatoires. Aujourd'hui elle est reconnue pour une oscillaire. Quoi qu'il en soit, elle ne se reproduit pas dans les autres bassins, parce qu'ils sont à couvert. Le pavé en devient si glissant qu'on a peine à se tenir dessus; elle se divise parfois en membranes minces, transparentes, d'un beau vert, qui, étant sèches, deviennent hygrométriques et se contournent dans tous les sens lorsqu'elles reçoivent l'impression de l'air et de la chaleur. Le concours d'une lumière vive est nécessaire pour sa production. C'est au printemps qu'elle a particulièrement lieu. Lorsqu'elle acquiert une certaine étendue et que les rayons du soleil donnent sur ce bassin, on voit s'échapper du fond de grosses bulles d'air, et immédiatement après l'oscillaire vient nager à la surface de l'eau. Cette circonstance, qui paraît dépendre de l'entier accroissement de l'espèce, se présente en été d'une manière si prompte que cette oscillaire couvre la moitié de la longueur du réservoir; elle noircit à l'air aussitôt qu'elle a été tirée de l'eau, et reprend sa couleur vert de mer, lorsqu'on l'y replonge. Cette couleur est plus ou moins foncée, selon ses divers états de développement; elle est très-douce et muqueuse au toucher et comme onctueuse. L'air qui s'en dégage ne m'a pas paru différer essentiellement de l'air atmosphérique combiné avec une quantité plus considérable d'azote. On a cru anciennement y découvrir de grandes propriétés, et pour cela on en demandait de très-loin : probablement elle n'aura pas toujours produit les effets qu'on en attendait, ou bien on lui aura préféré d'autres remèdes de vertus analogues, plus faciles à se procurer; car aujourd'hui elle n'est plus recherchée que par les curieux.

Quelques essais d'analyse nous ont démontré que cette production contient : du gaz azote, du gaz ammoniacal, de la chlorophyle, une substance colorante pourpre particulière, du fer, de la silice, de l'alumine, du sulfate de chaux, une matière organique semblable au mucus animal.[1]

Les auteurs l'ont rangée, les uns, parmi les trémelles et les conferves; d'autres dans les oscillatoires, et en dernier lieu M. Bory de Saint-Vincent l'a placée dans le genre des oscillaires. — Voyez Essais monographiques sur les oscillaires; Paris, 1827.

On retrouve cette substance dans plusieurs eaux thermales, notamment à Dax; elle est décrite sous le nom de *tremella thermalis* dans l'Essai d'une chloris

---

1 Voyez Notice sur une matière colorante contenue dans quelques algues, par M. Ristelhueber, D. M. (Journal de la Société des sciences et arts du département du Bas-Rhin.)

du département des Landes, an XI (1803), par J. Thore, D. M., page 448.

Tremella thermalis, Springf.

Materia viridis thermarum, Schreber *in* Jacq. Collect., 1, page 171.

Conferva thermalis, Decandolle, Fl. fr., tome 2, page 53.

Oscillatoria tenuis, β, Calida, Agardh, Syst., p. 66.

Oscillatoria major, Vaucher, Hist. des conf., p. 28.

Oscillatoria major, Mougeot et Nestler, Crypt. fasc. 6, n.° 596.

Oscillaria Mougeotii, Bory de Saint-Vincent, Dict. class. d'hist. natur., tome 12, page 473.

Bibliographie.

La bibliographie des traités où il est parlé des eaux de Plombières, est immense. Je renvoie pour une partie aux ouvrages dans lesquels ils ont été publiés. Je donnerai à part la liste chronologique des auteurs qui ont écrit *ex professo* sur ces eaux, dont les traités ne sont pas insérés parmi d'autres ouvrages.

1292. — Chronique des Dominicains de Colmar, sous l'an 1292, en latin : « *Chronici Dominicanorum Colmariensium, aut annales. Apud Urstisium; rerum germanicar. — Castrum Plumbariense, M. CCXCII*, page 27. »

Dux Lotharingiæ castrum in Plummers super balnea construxit, ut deferenderet balneantes à malis hominibus.

1295. — Notice sur l'ancien château de Plombières et le bain de la reine; Séguier, Biblioth., vol. Remiremont. — D. Calmet, pag. 13 et 69, où elle est rapportée avec quelques changemens. — Voyez aussi le bel ouvr. manus. de l'abbé Villemain : Plombières y est appelé Plommières. Voyez Cartul., tom. 1.er, 3.e partie, pag. 279, n.° 38.

1540. — Joachim Camerarius, célèbre écrivain du 16.e siècle, étant venu à Plombières (selon D. Calmet) pour se faire traiter d'une chute de cheval, y composa une description en vers latins de ces eaux, qu'il fit imprimer. On trouve ce petit poëme dans la collection *De balneis*, etc. Voyez an 1553.

In thermas Vogesi jugi profectus
Plumbi nomine quas solent vocare, etc.

1546. — Georgius Agricola, *Basileæ*, 1546, in-fol., *Index*, appelle les eaux de Plombières : *Plumbariæ calidæ. — De natura eorum quæ effluunt ex terra, lib. IV. — In Lotharingis calidæ Plumbariæ*, page 163.

1550. — Fuchsii (Leonharti) *Methodus, etc.; Compendium medicinæ*, in-18; *Lugduni*, 1550.

Fuchsius, médecin allemand, renommé dans le temps par ses écrits, dit que les bains de Plombières en Lorraine sont composés de la mixtion du plomb, du soufre et de l'alun. Cette eau aide aux chancres, aux ulcères malins et phagédéniques, c'est-à-dire, aux ulcères qui mangent jusqu'aux os; elle guérit les fistules, la ladrerie nouvellement commencée et tous les vices de la peau. Il m'a semblé bon, dit-il, de faire mention de ces bains entre ceux d'Allemagne, parce que des gens de presque toutes les parties du monde s'y rendent. Il les nomme *Plumbers, quasi Plumbea.*

Bartholomé, médecin de Turin : *De Germaniæ thermis*, p. 264 de la collection *De Balneis.*

Dans la grande et très-célèbre Germanie, partie d'Europe, il y a plusieurs bains naturels, desquels je rapporterai quelques-uns d'après Fuchsius, homme très-docte et digne de foi.

Les peuples de la Lorraine, dont la ville épiscopale est Toul, sont séparés de ceux de la Bourgogne par le mont de Vosges. Il y a dans les montagnes de la Lorraine des bains qui sont appelés *Plumbers*, comme qui dirait de plomb, à cause d'une copieuse mixtion de plomb; ils sont composés, d'après ce mélange de plomb, comme nous disons, de soufre et d'alun.

1550. — Gesnerus (Conradus), qui écrivit en 1550. Voyez son ouvrage *De Thermis*, dans la collection *De balneis.* — *Plumbariis in Germania*, page 298 (*a*).

(*a*) Conrad Gesner cite le Chanoine Henri Gundelfinger, et rapporte ce qu'il a écrit en ces termes :

Sunt et apud Belgas thermæ Plumbinum (*vulgo Plummers*) *a Plumbi minera nuncupatæ, cujus qualitates et vires recipiunt, hæ serpentibus, viperis, aliisquæ vermibus crebro contaminantur, prœter Plumbum continent etiam nitrum et alumen. Unde vires earum facile estimabant medici. — Henricus Gundelfingerus, canonicus ecclesiæ Beronensis.*

1553. — *De balneis omnia quæ extant apud Græcos, Latinos et Arabes, etc.; Venetiis*, 1553, in-fol.

1560. — Pictorius (Georgius), *medicus doctor Ensishemii.* — Traité des eaux thermales, et du temps et de la manière dont il faut se baigner, par George Pictorius, 1560, in-8.°, en allemand. (Carrère.)

1565. — J. Guintherii Andernaci *Commentarius de balneis et aquis medicatis; Argentorati*, Rihel, 1565, in-8.°, p. 206. — *Aquæ diversis fossilium generibus infectæ. — Diversi autem generis speciebus constant. In Lotharingia ex plumbo, alumine et nitro*, page 8. — *Aquæ calidæ Plumbariæ, vulgo Plumbers Bäd, gallice bains Plumiers*, page 80, 81.

Sur les frontières de la Lorraine, proche le célèbre couvent des vierges nobles de Remiremont, ces eaux remarquables coulent à découvert, comme dans un bassin de forme ronde[1], quoiqu'une partie de ces eaux, qu'on appelle bains de la Reine, soient renfermées dans des édifices. Celles-ci et les vulgaires sont composées, d'après la nature de la terre, de fossiles contraires; savoir : de plomb, de soufre et d'alun. Certains auteurs disent que ces eaux contiennent du plomb, de l'alun et du nitre. Les serpens s'amassent fréquemment à la proximité du lieu vers le bord de celles-ci, à cause de la chaleur. Prises en boisson, elles remédient aux vices des reins et de la vessie; dessèchent les fluxions; conviennent aux fièvres invétérées; dissipent les fleurs blanches des femmes; provoquent à quelques-unes leurs règles; sont fort utiles aux femmes qui sont stériles, à cause d'un relâchement excessif de la vulve et de la quantité des humeurs; elles s'emploient aussi en bains pour la frigidité de l'utérus et les affections dont nous avons parlé plus haut, mais principalement pour les membres perclus, contus et rompus. Les ulcères malins et de difficile guérison, les chancres phagédéniques, les fistules, l'éléphantiasis récent, et enfin elles remédient à tous les vices de la peau.

1569. — Fallopius (Gabrielis) : *De Aquis medicalis, etc.; Venetiis*, 1569, *in-4.° Testatur tamen Gesnerus (Conradus) in Germania reperiri talem aquam, et dicit balneum illud vocari Plumbeum, a plumbo quod in se habeat*. Voyez fol. 29 *A*, l. 28.

1571 — 1588. — Andreas Baccius : *De thermis; Venetiis*, in-fol.

1571. — Gallus Etschenreutter, *D. M. Argentinensis*. — *Aller heilsamen Bäder, etc.; Strasburg*, 1571, in-12. De la nature, de la force, de la vertu et de l'effet de tous les bains salutaires et fontaines qui sont connus et réputés en Allemagne; en langue allemande, par Gallus Etschenreutter, docteur en médecine à Strasbourg : des bains chauds, §. 11, Bain de Plumber, *S*. 15. *Die warmen Bäder*, §. 11, *Plumbers-Bad, S*. 15. *Im Lothringer Gebürge, etc.*

Ce bain prend son origine dans les montagnes de la Lorraine, près du couvent bien connu des Dames nobles de Roremont[2]: il est à découvert, semblable à un lac, d'une eau charmante.

---

1 Cette description n'est point exacte. La seule extrémité du grand bain avait la forme ronde ou demi-circulaire, ainsi que le bain de la Reine.

2 Roremont pour Remiremont, contraction de Romarimont.

Seulement le bain des rois [1], comme on le nomme, est couvert et fermé. Je crois que c'est le plomb qui a donné ce nom à ce bain; car l'eau coule sur du plomb, du soufre et de l'alun : cependant quelques-uns croient qu'elle coule sur du plomb, de l'alun et du salpêtre. [2]

Philippus Grulingius, médecin aulique de Bâle, dit dans ses Observations médicales (*Observationes medicinales, centur. sext., praxis tertia*) : Les bains qui existent sur les frontières de la Lorraine s'appellent Plombières, par rapport au plomb qui s'y trouve mêlé en grande quantité. Nos Germains qui s'en servent les nomment *Plumbers-Bad.* On rapporte que ces eaux contiennent du plomb, de l'alun, du nitre et du soufre, ce qui les rend propres à la guérison des ulcères malins, des fistules phagédéniques, de l'éléphantiasis récent, et même de tous les vices de la peau, vu qu'il est avéré qu'elles guérissent fréquemment les ulcères.

1576. — Gœbelium (Joannem), *doctorem medicum physicum.* — *Thermarum Germaniæ;* Leipzig, in-8.°, 1576. — *Accessit appendix, lib. III, p. 74 et seq.*

1578. — Martini Rulandi *Balnearium restauratum;* en latin et en allemand; *Dillingæ*, 1568 — 1625, in-8.° (Carrère); *Basileæ*, 1578. — *Plumbariæ aquæ, Plumbersbad. De balneis naturalibus, liber primus, classis secunda*, page 87.

Les eaux chaudes de Plombières, dites *Plumbers-Bad*, coulent sur les confins de la Lorraine, non loin de l'Alsace supérieure, proche le couvent de Roremont. On prétend qu'elles sont composées de plomb, de soufre et d'alun, ou, comme certains le veulent, de plomb, d'alun et de nitre.

1580. — Michel de Montaigne, qui se vante d'avoir vu par occasion, dans ses voyages, presque tous les bains de l'Europe, et de s'en être servi pour sa santé, n'oublie pas ceux de Plombières, qu'il place entre les plus fameux d'Italie, de France et d'Allemagne; il donne la préférence à ceux où il y a plus d'aménité de lieu, commodité de logis, de vivres et de compagnie, comme sont, dit-il, en France les bains de Bannières, ceux de Plombières, etc. Ess. de Mich. de Mont., page 788, liv. 2. 1580. — 1619. — Voyez aussi le Voyage de Montaigne en Italie par la Lorraine, en 1580 et 1581.

1600. — Jean Bauhin : *De thermis aquisque medicalis, etc.*; petit

---

1 Pour le bain de la Reine.

2 La spécification des maladies pour lesquelles cette eau convient, est la même que dans les auteurs précédens.

in-4.°; Montbéliard, ann. 1600. Voyez pag. 90, 98, 109, 193, 206, 207. — Il donne l'étymologie du mot de Plumières, dit aussi Plumer : c'est probablement d'après cet auteur que Dom CALMET avance que les eaux de Plumières sont ainsi nommées à cause de la grande chaleur des sources dans lesquelles on y déplume la volaille.

1601 — 1669. — LA FRAMBOISIÈRE (NIC. ABRAH. DE), Doyen de la faculté de méd. de Rheims. — Le gouvernement nécessaire à chacun pour vivre longuement en santé, etc.; Paris, 1601, in-8.° Voyez les 9.e et 10.e livres.

Les bains chauds de Plombières en Lorraine, de Bourbonne en Bassigni, etc., outre l'eau élémentaire, échauffée par le feu souterrain, participent du soufre, du sel, du nitre et d'alun. Ces eaux échauffent, nettoyent, digèrent, résolvent, attirent et consument les humeurs superflues, réveillent et fortifient la chaleur naturelle, resserrent et corroborent les membres débiles, etc. Parmi les bains qu'il faut choisir, ceux de Plombières sont les plus tempérés de tous.

DEMEUVE, médecin ordinaire du roi en 1695, s'est exprimé dans les mêmes termes que LA FRAMBOISIÈRE. Voyez Dict. pharm., page 125 à 130.

1612. — THURNEISSEN (LEONHARD) : *Zehn Bücher von kalten, warmen, mineralischen und metallischen Wassern, etc.; Strassburg*, 1612, in-fol.

Dix livres sur les eaux minérales, métalliques, froides et chaudes, etc. Ouvrage corrigé et beaucoup augmenté par SALTZMANN (JOANNEM-RUDOLPHUM), M. D. à Strasbourg. Voyez page 20, c. 18; *idem*, page 202, c. 48, et 203, c. 49. Voyez page 203, *Vogesus mons.* — Les eaux de Plombières sont désignées dans cet ouvrage sous les noms de *Bad zu Blumers*, de *Bad Plumers*. L'analyse contient 5 parties de plomb, 2 de soufre, 1 d'alun, 2 de sel de nitre, 14 d'eau pure.

1615. — PICHARD, médecin-chimiste, rapporté dans BERTHEMIN. Voyez son Analyse des eaux de Plombières, faite vers l'an 1615.

1700. — GEOFFROY : *Mém. de l'académie royale des sciences*, page 58 — 60.

GEOFFROY : *Tractatus de materia medica; Parisiis*, 1741; in-8.° Traduit en français, en 1743; in-12 : l'art. I.er du chap. II de la sect. I.re traite des eaux savonneuses de Plombières. — *Venet.*, 1756. (Voyez l'analyse de cet article dans CARRÈRE.)

1705. — DE LA MARTINIÈRE : *Dict. géogr., sous Plombières.* — *Mémoires dressés sur les lieux en* 1705. — *Corn. dict.* — Voyez la critique de cet article par D. CALMET, page 156.

1709. — DURAND (D. LÉOPOLD), Bénédictin, se trouvant à la suite de Henri de Lorraine, prince de Vaudémont, et y étant retourné encore depuis, en 1736, travailla sur Plombières et ses eaux minérales. Voyez D. CALMET, page 3 et 4.

EMANUEL BINNINGER : *Observations sur les eaux de Plombières.* (Éphém. des cur. de la nat., ann. 1719); en latin.

1719. — LEOPOLDI EMANUELIS BINNINGERI, *ducis Wurtemberg. Montisbeligard. archiater. Observatio LXXXIV*, page 202.

Le docteur BINNINGER, qui avait accompagné le duc de Wurtemberg en 1706 aux eaux de Plombières, fut consulté par un buveur d'eau, qui devint célèbre par l'excès qu'il en fit à l'insçu de ce médecin. Le jeune homme, sujet de cette observation, était scorbutique, couvert de taches livides, hypochondriaque et atteint de trouble dans les facultés intellectuelles. Il but jusqu'à quatre-vingt-dix verres de quatre onces d'eau thermale le premier jour; après quoi il fit une promenade de deux heures : effets consécutifs; œdématie générale; fièvre, vomissemens, sueurs, évacuations alvines et vésicales abondantes; disparition soudaine des taches scorbutiques et des autres symptômes. Le lendemain matin, deuxième jour, même quantité d'eau. — Effets absolument semblables : guérison entière et radicale.

1721. — BLANCHI, chimiste envoyé par Léopold I.er Voyez dans MOREL, son Analyse, faite en l'an 1721, conjointement avec ROUVEROY et RICHARDOT.

1733. — HABERT, chimiste, rapporté par MOREL, fit quelques expériences sur les eaux chaudes de Plombières. Voyez chap. des analyses.

1734. — MENGIN, premier médecin ordinaire de S. A. R. Léopold I.er : voyez ses remarques dans le Dictionn. de Trévoux, t. 2; Nancy, 1734, et la critique dans D. CALMET, page 15, 21, 205.

1737. — DUNOD : *Histoire du second royaume de Bourgogne, etc.* Dijon, 1737; in-4.° Voyez, tome 2, page 453, une notice sur les eaux de Plombières, rapportée par CARRÈRE.

1741. — GEOFFROY : *Tractatus, etc.* Voyez ann. 1700.

1746 — MALOUIN : *Analyse des eaux savonneuses de Plombières.* Mém. de l'acad. royale des sciences, page 49 et 109. Voyez le VALLER. LOTHAR. DE BUC'HOZ, page 140, où cette analyse est rapportée.

1748. — QUERLONDE, ingénieur en chef à Marsal : *Mémoire contenant les moyens de prendre les eaux de Plombières avec plus de commodité.* Voyez D. CALMET, page 327, et pour la critique de ce mémoire, MARTINET, page 164.

1757. — MORAND : *Mémoire sur les eaux therm. de Bains en Lorraine, comparées dans leurs effets avec les eaux therm. de Plombières, dans la même province.* (Journ. de méd., Février, 1757; page 114). Voyez, pour l'analyse de ce Mémoire, CARRÈRE, ouvr. cité, et le VALLER. LOTHAR. DE BUC'HOZ, page 264.

MORAND : *Mémoire pour servir à l'hist. natur. et médic. des eaux de Plombières.* (Mém. de l'acad. royale des sciences, savans étrangers; tome 5, page 128). Voyez CARRÈRE, et le VALLER. LOTHAR. DE BUC'HOZ, page 279.

1768. — *Réflexions sur les eaux de Plombières.* (Journ. de médecine, tome 33, page 143, Juillet, 1770, à la suite du mémoire et observ. sur les eaux de Bourbonne, par CHEVALIER.)

1772. — MONNET : *Nouvelle hydrologie;* Paris, 1772; in-12, page 136. Voyez CARRÈRE, pour l'analyse de cet article.

1772. — RAULIN : *Traité analytique des eaux minérales en général, etc.*, in-12.

RAULIN : *Exposition succincte des principes et propriétés des eaux minér. qu'on distribue au bureau de Paris*, 1775, in-12. Voyez CARRÈRE, pour l'analyse de l'article *Plombières.*

1785. — BUC'HOZ : *Dictionn. minéralogique et hydrologique de la France;* Paris; petit in-8.° — Plombières, tome 1.er, p. 489 — 533; *idem*, tome 2, page 320 — 348; *idem*, tome 3, p. 598 et 599. — Ces différens articles réunis peuvent être considérés comme une compilation bien faite des ouvrages qui ont été publiés avant l'année 1785, et dont l'auteur a eu connaissance.

1785. — CARRÈRE : *Catalogue raisonné des ouvrages qui ont été publiés sur les eaux minérales en général, et sur celles de France en particulier;* in-4.°

1802. — VAUQUELIN, professeur de chimie à Paris : *Analyse des eaux de Plombières.* (Annales de chimie, vol. 39, an IX; rapportée dans le Traité du docteur MARTINET; ann. 1803.)

Manuscrits.

1611. — THYBOUREL (FRANÇOIS), chirurgien de Monseigneur Erric de Lorraine, évêque et comte de Verdun, prince du saint-empire, etc. : *L'hydrothérapeutique plumériane ou méthode de guérir les maladies par l'usage des eaux de Plumière, réduite en théorie et pratique.* — Beau manuscrit, petit in-fol., de 114 pages, dédié à S. A. Henri II, duc de Lorraine, surnommé le bon.

TRAITÉS *ex professo.*

1576. — JEAN LEBON, né à Autreville, médecin du cardinal de Guise : *Abrégé de la propriété des bains de Plombières, etc.* ; Paris, chez Charles Macé ; petit in-16 ou in-32, de 46 pages.

1584. — ANTOINE TOIGNARD, M. C. : *Entier discours de la vertu et propriétés des bains de Plumbières, etc.* ; Paris, chez Jean Hulpeau ; petit in-16 ou in-32, de 46 pages.

1615. — BERTHEMIN, né à Vézelise, médecin du bon duc Henri II de Lorraine, imprima par son ordre un Discours des eaux chaudes et bains de Plombières ; Nancy, Garnich, in-12, de 167 pages.

BERTHEMIN, réimprimé à Mirecourt, en 1738, par le sieur FRANÇOIS, maître-chirurgien et apothicaire à Plombières, sous le titre de *Petit traité, qui enseigne la méthode que l'on doit tenir en buvant les eaux chaudes et froides de Plombières, et la manière de prendre les bains, la douche et l'étuve desdites eaux.* Ce traité, imprimé avec beaucoup de changemens et de retranchemens, un an après que RICHARD, chirurgien à Plombières, fit réimprimer celui de ROUVEROY, contient le degré de chaleur des différentes sources connues à Plombières, en 1699 et 1700. Édit. in-18, de 55 pages.

1695. — ROUVEROY (NICOLAS), fils de Jean, apothicaire à Plombières, né le 2 Février 1660, mort au même lieu, chirurgien-apothicaire, le 17 Septembre 1719, a publié un ouvrage sur les eaux minérales de cet établissement, sous le titre suivant : — *Petit traité enseignant la vraie et assurée méthode pour boire les eaux chaudes et minérales de Plombières*, par le sieur de ROUVEROY, médecin à Plombières, natif du lieu ; Épinal, 1695, in-12. — *Idem*, revu de nouveau et augmenté par l'auteur, 2.ᵉ édition, Épinal, 1696, Bouchard et Legros, in-12, de 136 pages. — *Idem*, 3.ᵉ édition ; Épinal, 1697 ; Frichement, in-12, de 125 pages. — *Idem*, réimprimé aux frais de Richard, 4.ᵉ édit. ; Épinal, Vatot, 1737, in-18, de 88 pages.

1706. — TITOT (PIERRE-ABRAHAM), médecin à Montbéliard : *Naturæ et usus thermarum Plumbarium brevis descriptio* ; *Basileæ*, 1706, petit in-4.° ; 38 pages. Ce traité, qui est une Thèse soutenue par l'auteur, a été réimprimé dans le *Fasciculus dissert. medicar. select. opera*, *Basileæ*, 1710, in-8.°, qu'a publié THÉODORE ZUINGER, professeur à Bâle, qui l'avait fait soutenir.

1722. — Richardot (Camille), de Nancy, médecin ordinaire de Léopold I.er : *Nouveau système des eaux chaudes de Plombières, de l'eau froide, dite savonneuse, etc.*; Nancy, 1722, in-12, de 151 pages.

1745. — Giraud (Claude-Marie) : *Questiones medicæ circa fontes medicatos Plumbariæ*; *Vesuntione*, 1745; in-8.°, de 32 pages. Thèse soutenue à l'école de Besançon, sous la présidence de Charles René.

1746. — Morel (Jean-Claude) : *Questiones medicæ circa fontes medicatos Plumbariæ*; *Vesuntione*, 1746; petit in-8.°, de 84 pages; soutenues dans les écoles de Besançon, sous la présidence de Charles (René). C'est le même traité, déjà imprimé l'année précédente, augmenté de deux autres questions.

1748. — Lemaire (J.), médecin stipendié à Remiremont : *Essai sur la manière de prendre les eaux de Plombières*; Remiremont, Laurent, 1748; in-8.°, de 115 pages. Voyez aussi ses *Remarques sur les eaux de Plombières*, contenant 112 pages imprimées dans l'ouvrage de D. Calmet.

1748. — D. Calmet, abbé de Senones : *Traité historique des eaux et bains de Plombières, de Bourbonne, de Luxeuil et de Bains*; Nancy, 1748; gr. in-8.°, de 333 pages, avec fig. et une table des matières.

1778. — Nicolas, de Nancy, D. M., professeur de chimie : *Dissertation chimique sur les eaux minérales de Lorraine, etc.*; Nancy, 1778; in-8.°, de 116 pages.

1782. — Didelot (M.), médecin-chirurgien à Remiremont : *Avis aux personnes qui font usage des eaux de Plombières, etc.*; Bruyères, 1782; in-8.°, de 283 pages.

1791 — 1803. — Martinet (Jean-François), né à Épinal en 1756, mort à Plombières en 1808, médecin des eaux et de l'hôpital de Plombières : *Observations sur quelques maladies chroniques, etc.*, ou *Journal physico-médical des eaux de Plombières*; Remiremont, in-8.°, depuis 1791 jusqu'à 1796 incl.

Martinet : *Traité des maladies chroniques et des moyens les plus efficaces de les guérir, qui sont les différentes manières d'user des eaux de Plombières, etc.*; Paris, 1803; grand in-8.°, 471 pages; suivi du *Guide aux eaux minérales de Plombières, etc.*, de 30 pages.

1799 — 1802. — Grosjean, père (Jean-François-Étienne), D. M., depuis inspecteur en chef des eaux, né à Remiremont en 1756, mort au même lieu en 1833 : *Nouvel essai sur les eaux minérales de Plombières*; Remiremont, 1799, in-8.°, de 94 pages. — *Idem*, 2.e édition; Nancy, 1802, in-8.°, de 96 pages.

1829. — GROSJEAN, fils (ADRIEN), D. M., a publié, d'après les Mémoires de son père, un Traité intitulé : *Précis sur les eaux minérales de Plombières, suivi d'une Notice sur les eaux ferrugino-gazeuses de Bussang;* Paris, in-8.°, de 114 pages.

Ici se bornent les deux divisions d'une bibliographie déjà très-étendue; à l'exception du précis de M. A. GROSJEAN, je la donne telle qu'elle se trouve dans la première édition de ce traité, publié en 1813. Cependant je ne puis me dispenser de citer comme ayant écrit sur les eaux de Plombières MM. MICHEL, KIRSCHLÆGER et TURCK, dont les thèses ont été soutenues soit à Paris, soit à Strasbourg.

Systèmes de ces auteurs sur la cause de la chaleur des eaux.

1576. — LEBON considère comme impossible d'assigner toutes les matières qui composent les mines d'où surgissent les eaux des bains de Plombières. Il critique les auteurs qui ont discuté sur leur nature et qui admettent, comme ANDERNACUS et FUCHSIUS, qu'elles contiennent du soufre. Il nous suffit, dit-il, de les connaître *ab effectis.* Il cite HIPPOCRATE, AGRICOLA et d'autres auteurs qui, en s'étudiant à chercher les causes qui produisent les feux qui sont sous terre, en ont donné des raisons vraisemblables, mais non démonstratives. Les uns pensent que ce sont des exhalaisons; les autres, l'alun, le bitume, le soufre et mille matières semblables qu'il laisse à classer aux philosophes. S'il se fait des pierres de feu et des feux que l'on appelle foudre en la seconde région de l'air, pourquoi ne s'en ferait-il pas aux abîmes de la terre : tel est le raisonnement qu'il appuie d'une métaphore pour conclure qu'il n'y a personne qui puisse dire comment ce feu est formé et comment il est entretenu.

1584. — Antoine Toignard suppose un feu considérable, réduisant en chaux les divers métaux ou demi-métaux, les terres et pierres à travers lesquels, et à une grande profondeur, passe l'eau Plombériane. Il présume que celle-ci reçoit une impression dérivée du mélange de ces essences souterraines et métalliques qui se trouvent en certaines proportions et que la nature produit par des moyens qui nous sont inconnus.

1615. — Berthemin, écrivain d'une érudition peu commune, recherche et rapporte tous les systèmes qui avaient été imaginés avant lui sur la cause de la chaleur des eaux thermales en général; et quoiqu'il finisse par ne s'en tenir à aucune de ces opinions, il paraît admettre celle qui attribue cette chaleur au soufre, au bitume et à l'alun; car on croyait que partout où il y a des eaux chaudes, il s'y engendre du soufre, de l'alun, du bitume, du nitre, ou d'autres minéraux. C'est ce qui l'a sans doute engagé à donner les mêmes substances comme produits analytiques des eaux de Plombières.

1685. — Rouveroy néglige de nous donner son opinion à cet égard, et renvoie au traité de Berthemin; il ajoute que de très-savans et doctes médecins soutiennent par fortes raisons, que ce ne sont pas des feux souterrains qui les échauffent, comme l'a écrit Berthemin; mais qu'elles sont rendues ainsi chaudes par la fermentation qui se fait des minéraux, et qui sont profondément enfermés dans les rochers par où elles passent.

1706. — Titot, fondé sur l'expérience de Lemery, attribue la cause de la chaleur au fer et au soufre, parce que la première de ces substances est généralement répandue dans les montagnes de Plombières, et que l'autre y est si évidente dans les eaux chaudes minérales, qu'on ne peut la révoquer en doute. Cela posé, l'eau filtrant goutte à goutte à travers les pores d'une terre qui contient un mélange de soufre et de fer, et peut-être d'une matière de nature calcaire, s'échauffe en subissant un mouvement d'effervescence; les filets qui se forment de la réunion de ces gouttes, fournissent continuellement aux sources, dont la chaleur restera uniforme tant que l'effervescence durera. Il applique à cette chaleur des entrailles de la terre, produite par une fermentation plus ou moins considérable, tout ce que les philosophes ont dit du feu central.

1722. — Richardot présente plusieurs opinions pour établir son système. Tantôt il dit que ces eaux furent chaudes dès la création de l'univers, ou sont naturellement chaudes par une continuité de la matière subtile des rayons du soleil. Ailleurs, il attribue cette chaleur au calorique combiné dans le centre de la terre, ou à la chaleur produite par l'agitation continuelle de toutes les parties de cette terre supérieure, ramassée en certains endroits.[1]

1745 — 1746. — Réné Charles pose la question de savoir si la chaleur et la vertu des eaux minérales de Plombières proviennent des pyrites. Il la résout pour l'affirmative. Dans le voisinage des eaux thermales de Plombières on trouve une grande quantité de pyrites, et

---

1 Il y a long-temps que les deux premières opinions de Richardot avaient été proposées, mais d'une manière différente. (Voyez Berthemin, part. 1, c. xi; *id.*, c. viii, f. 28, et en dernier lieu l'on a reproduit cette opinion que le globe ne possède d'autre chaleur que celle qui lui est communiquée par les rayons solaires. (Biblioth. univers., tome XII, page 76.)

l'on peut conjecturer avec vraisemblance que la quantité en est plus grande encore dans les lieux où sont formées ces eaux. Ces pyrites abondent en soufre et en fer. Écrasées et opposées au magnétisme, il s'en détache beaucoup de molécules de fer, et jetées dans le feu elles produisent des étincelles comme le soufre.[1]

1748. — Dom Calmet avance, 1.° d'après la vapeur épaisse que répandent l'étuve et les bains, et l'odeur sulfureuse qui s'en exhale; 2.° d'après les pierres sulfureuses qui se trouvent dans les rochers de Plombières; et 3.° d'après le consentement unanime des auteurs qui ont traité avant lui de la cause des eaux chaudes, qu'on peut supposer comme certain qu'il y a sous la superficie de la terre, aux environs de Plombières, de Bains, de Luxeuil et de Bourbonne, une couche ou lit de matières sulfureuses, nitreuses, bitumineuses, qui échauffe les eaux de ces sources.

1748. — Lemaire, comme beaucoup d'autres médecins, imbu de la physique de son temps, regarde la cause de la chaleur des eaux de Plombières comme le produit de la fermentation. Il attribue particulièrement cette chaleur à la décomposition de la montagne, qu'il considère comme une fermentation souterraine. Il a pour système, qu'il pourrait se trouver un rocher qui

---

1 Lorsque le professeur Charles présumait que cette chaleur est produite par la filtration et le passage des eaux à travers des pyrites, il fallait, d'après quelques auteurs, entendre sous cette dernière dénomination les pierres à fusil et le fluate de chaux mélangés avec la terre savonneuse, désignés anciennement sous le nom de pierres de feu mollasses, dont le terrain de Plombières est rempli de toutes parts. Depuis la première édition de cet ouvrage, ayant moi-même observé de véritables pyrites dans les rochers qui avoisinent les sources minérales, il faut croire que le docteur Charles s'est servi de l'expression convenable adaptée au minéral dont il faisait dépendre la chaleur des eaux.

eût naturellement les mêmes pores que ceux que le feu a formés dans la pierre à chaux, et opérât les mêmes effets. Si cette roche vient à être inondée, elle fermentera comme la chaux vive. L'eau avec laquelle elle fermentera, s'échauffera plus ou moins, suivant l'étendue ou la force de cette fermentation.

1775. — NICOLAS attribue, comme BUFFON, cette chaleur à des volcans, ou à des masses de charbon de terre enflammées, et admet cette ancienne et ingénieuse hypothèse, que l'eau qui circule dans l'intérieur de la terre, venant à pénétrer jusqu'à ces volcans, en reçoit une chaleur proportionnée à la proximité du foyer. Si l'eau vient à laver ces matières, ou à en recevoir les vapeurs, elle se chargera des parties dissolubles, ce qui produira les eaux thermales composées; si dans son cours elle s'éloigne assez du foyer pour n'en recevoir que la chaleur, sans toucher à ces matières, elle fournira une source d'eau thermale très-pure, comme sont à peu près les eaux de Plombières.

1782. — DIDELOT admet pour cause de la chaleur des eaux, celle que plusieurs physiciens donnent; c'est-à-dire, les fermentations qui se font dans la terre par le moyen de certaines matières, auxquelles les eaux venant à se mêler, s'échauffent et fermentent, à peu près comme on le voit dans la chaux vive, dans la limaille d'acier mêlée avec du soufre, etc. Il pense que personne ne s'avisera de dire qu'il ne peut pas se rencontrer dans le centre de la terre certaines matières qui auront quelques rapports avec celles-là, et qui seront propres à produire les mêmes effets. La fermentation lui paraît donc le moyen le plus soutenable pour rendre raison de ce phénomène, et il regarde ce système, sans contredit, comme le plus plausible de ceux qu'on a avancés sur la chaleur des eaux de Plombières.

1799 — 1802. — Les bornes de cette dissertation ne permettent pas de rapporter les détails que donne le docteur Grosjean pour appuyer son opinion. Il résulte de ce qu'il a exposé, que la chaleur thermale est produite par la déflagration naturelle des pyrites dans les entrailles de la terre. (Voy. Nouv. ess., §. XLVIII et suiv.)

M. Adrien Grosjean, dans son traité publié en 1829, fait l'énumération d'une partie des hypothèses qui ont été émises sur la cause de la chaleur des eaux; il rapporte celles de l'électricité, du fluide galvanique, la décomposition des pyrites, l'opinion qui l'a fait provenir du moment même de la formation de l'eau par la combinaison de ses principes; l'hypothèse des foyers volcaniques, etc. Enfin il ne se sent pas moins porté à admettre avec plusieurs savans, que cette chaleur des eaux minérales dépend de la situation plus ou moins profonde de leurs réservoirs souterrains. Cette opinion est fondée sur des expériences faites sur la chaleur de l'intérieur des mines, laquelle augmente en raison de leur profondeur : c'est encore ce qu'auraient semblé prouver les résultats obtenus par les puits artésiens. (Voy. p. 22 et 23.)

1803. — Martinet, dont les idées sur la chaleur des eaux thermales sont identiques avec celles de Socquet (dans son Essai sur le calorique), rapporte tout ce que cet auteur avance sur les phénomènes des volcans, pour appuyer son opinion et l'adapter à la chaleur des eaux. C'est, d'après lui, le fluide électrique qui a la plus grande part à ce phénomène.

Analyses.

Jean Lebon; 1576.

Ayant plusieurs fois cherché, par toutes les épreuves que l'on pouvait faire alors, quelle était l'essence de la mine où passe l'eau de Plombières, Lebon distilla cette eau pendant un jour et une nuit, conjointement avec Richard, maître apothicaire, et Loubert, un des premiers chimistes de ce temps; ils ne trouvèrent dans toutes leurs expériences qu'un résidu semblable à de la céruse, dont le poids ne fut pas déterminé. Ici l'on voit cette idée préconçue que les eaux de Plombières contenaient du plomb, la chaux ou l'oxide de ce métal.

A. Toignare; 1584.

En rapportant toutes les substances minérales plus ou moins hétérogènes dont l'eau de Plombières pourrait être composée, il conclut que, si les effets portent témoignage des causes premières, ainsi que des principes dont les corps qu'il a cités, sont composés, et que l'eau *Plumbériane* produise tant d'effets thérapeutiques divers, il est à croire qu'elle participe des meilleures qualités et des propriétés les plus singulières de ces corps métalliques, desquels elle reçoit et retient l'impression.

Berthemin; 1615.

Berthemin n'a pas fait d'analyse chimique des eaux de Plombières; mais, à l'imitation des médecins qui avaient écrit avant lui, il attribua leurs effets aux minéraux qu'il présuma y exister, et il attribua à ces substances minérales les mêmes vertus qu'il découvrait dans ces eaux; il conclut de son analyse médicale qu'elles participent du soufre, du bitume, de l'alun, du plomb et du nitre.

PICHARD. (*Analyse rapportée par* BERTHEMIN, 1615.)

Dans la distillation qu'il fit de ces eaux prises en diverses sources, les esprits ou vapeurs sulfurées et bitumineuses qu'elles contenaient, sortaient avec impétuosité.

Il trouva ensuite deux sortes de substances : l'une noirâtre par-dessus et totalement bitumineuse, sans goût, mais d'une odeur désagréable; mise sur les charbons ardens, elle s'exhalait incontinent, en donnant une flamme comme celle du naphte et du soufre.

Il remarqua cette différence dans ces deux sources, que l'eau du bain du Chêne laisse une matière qui a l'odeur plus forte et moins agréable, tandis que celle du bain la Reine laisse une substance d'une odeur de benjoin.

L'autre substance qui resta après la distillation de l'eau, fut un sel mordicant et âcre à la langue, demeurant fixe sans se fondre.

ROUVEROY; 1695.

Sans nous donner son analyse, ROUVEROY dit au chapitre XII de son traité, que ces eaux, étant toutes spiritueuses, n'entraînent que fort peu de marc des minéraux sur lesquels elles passent; car, étant évaporées, elles laissent seulement un sel blanc approchant fort du goût de celui dont on se sert pour saler les viandes, mais il est en petite quantité.

TITOT. (*Analyse faite en 1706, en présence de* LEBÊQUE, *premier médecin de Léopold I.er;* RICHARDOT, *Inspecteur des eaux;* BINNINGER, *médecin ordinaire du duc de Montbéliard.*)

TITOT est le premier qui ait donné une analyse chimique de ces eaux, fondée sur la distillation, l'évaporation à vaisseaux découverts et par différentes substances ou réactifs. Il y a entrevu le sel gemme ou muriate de soude fossile. Mais encore imbu des idées du temps où il écrivait, il s'étonna de n'y avoir trouvé aucun principe ni métallique ni minéral. Il conclut que les eaux les plus élevées en température contiennent des parties très-subtiles, terrestres, alcalines, surtout nitreuses, aériennes et volatiles, très-pénétrantes et nullement sulfureuses.

LEMAIRE; 1715.

LEMAIRE opéra sur diverses quantités d'eaux chaudes et savonneuses : il employa l'évaporation et les réactifs; il conclut :

1.° Que les minéraux chariés par les eaux de Plombières, sont d'une nature alcaline fixe;

2.° Que chaque livre d'eau contient tout au plus 4 grains un tiers ou 4 gr. de résidu concret.

3.° Il présume que les eaux savonneuses sont moins chargées que les eaux chaudes.

Il trouva que les plus chaudes, comme celles du *conduit*, de l'étuve d'en haut, dite de *Bassompierre*, laissent par livre d'eau un grain et demi de matière de plus que celles du Crucifix et de la fontaine des Dames. Les plus chaudes n'en ont jamais donné qu'environ 13 gr. par pinte, mesure de Plombières, ou trois livres d'eau commune.

Résultat de l'analyse des eaux chaudes et savonneuses de Plombières, qui a été faite en 1721, par ordre de Léopold Ier, par son chimiste et son apothicaire, en présence de son premier médecin BLANCHY, ROUVEROY, fils, RICHARDOT.

(Voyez FRANÇOIS, page 48; GIRAUD et MOREL, page 9; D. CALMET, page 181, 184, pour les détails.)

Distillation au bain de sable de l'eau de la source du Chêne; de l'eau la plus chaude du grand bain; du bain des Dames, et de l'eau de la fontaine savonneuse.

On a trouvé par ces analyses que les substances minérales contenues dans les eaux de Plombières participent de parties salines, sulfureuses, bitumineuses, terreuses fixes.

1722. — RICHARDOT dit dans son traité, que les expériences auxquelles il a assisté, ne lui ont jamais fait connaître qu'aucune des eaux de Plombières contînt un sel qui puisse être appelé spécifiquement du nom d'alumineux, de nitreux, de vitriolique, etc.; qu'elles sont imprégnées dans leur formation et par leur cours, d'un sel propre et spécial, très-subtil, très-pénétrant, et chargé d'une matière argileuse, alcaline et très-volatile.

CHARLES RÉNÉ; 1737. (*Analyse rapportée dans la Thèse de* GIRAUD *en* 1745.)

Ce médecin, étant à Plombières, fit une analyse des eaux thermales: quatre livres de ces eaux bouillies dans un vase de fer, lui produisirent seize grains de sel alcalin, c'est-à-dire, environ quatre grains par livre d'eau.

Il pria un habile chimiste (HABERT) de lui communiquer ses recherches sur les parties contenues dans le sédiment des eaux thermales de Plombières, principalement de la source qui porte le nom du Chêne.

HABERT; 1745. (*Analyse rapportée dans la Thèse de* MOREL *en* 1746.)

Le sédiment que l'on trouve dans l'eau de la fontaine du Chêne est de couleur blanche tirant sur le jaune; mis sur la langue, il y fait la même impression, à peu près, que le sel commun; exposé à l'air, il se fond; et si on l'approche de la pierre d'aimant, on remarque qu'elle en détache des particules de fer. Il contient aussi une petite quantité de bitume.

De ses expériences, dont on trouve les détails dans les deux thèses citées plus haut, ce chimiste conclut que les eaux de Plombières contiennent: 1.° une terre alcaline, 2.° de la sélénite, 3.° du sel marin, 4.° un peu de fer, 5.° du bitume, mais en petite quantité.

PUTON, inspecteur des eaux de Bussang, médecin à Remiremont, consulté sur ce résultat par D. CALMET, soutint que dans le sédiment de l'eau du Chêne il n'y avait aucune particule de fer, et que la pierre d'aimant n'en attirait point du tout.

NICOLAS; 1778.

Eau du grand bain: 20 pintes évaporées ont donné........115 gr. ou 5 gr. $\frac{3}{4}$ par pinte.

Eau du Crucifix: 20 pintes évaporées ont fourni un résidu pésant................110 gr. ou 5 gr. $\frac{1}{2}$ par pinte.

Différence................ 5 gr. et $\frac{1}{4}$ de gr.

EAU MINÉRALE FROIDE, DITE SAVONNEUSE.

20 pintes évaporées ont donné 61 gr. ou 3 gr. + $\frac{1}{20}$ p. pinte.
Différence avec l'eau du grand
bain. . . . . 54 gr. ou 2 gr. + $\frac{14}{20}$
Différence avec l'eau du Crucifix. . . . . 49 gr. ou 2 gr. + $\frac{9}{20}$.

Toutes les expériences de NICOLAS lui démontrèrent que les eaux savonneuses sont de même nature que les eaux thermales, puisqu'elles contiennent les mêmes principes (mais dans une quantité moindre, comme 61 : 115 pour l'eau du grand bain, et :: 61 : 110 pour l'eau du Crucifix); qu'elles tiennent en dissolution à peu près autant de substance saline que de matière terreuse.

Conclusion d'après les analyses de NICOLAS, *faites par les réactifs et l'évaporation.*

Toutes les eaux chaudes et tempérées de Plombières sont absolument de même nature :

Elles ne tiennent en dissolution aucune substance métallique, ni sels neutres, ni gaz;

Contiennent par pinte depuis environ 2 gr. jusqu'à 2 gr. et demi de natrum;

Renferment de la terre de différente nature, savoir, celle dont on fait la porcelaine, c'est-à-dire, vitrifiable en partie, et en partie réfractaire, de la terre calcaire et de la magnésie;

Enfin, une substance terro-gélatineuse unie au natrum.

Résumé de l'analyse de NICOLAS *sur l'eau minérale froide ferrugineuse.*

1.° Faiblement gazeuse.
2.° Fer .... o gr. $\frac{1}{4}$.
3.° Terre crétacée.... }
4.° — vitrifiable... } ...... o gr. $\frac{1}{2}+\frac{1}{16}$.
5.° — magnésienne. }
6.° — natrum............ o gr. $\frac{1}{4}$ (par pinte).

DIDELOT; 1782.

Cet auteur a rapporté une partie des analyses faites avant lui.

MARTINET; 1791.

Le premier numéro du journal de ce médecin rapporte le résultat des expériences analytiques qu'il a faites sur les eaux de Plombières. Il dit, dans les numéros suivans, pour les années 1792 et 1793 : « Je n'ai point fait d'expériences nouvelles sur la nature chimique de ces eaux, et je persiste à les regarder comme principalement alcalines, et comme contenant en outre trois espèces de terre; de la terre à porcelaine, de la terre calcaire, et de la terre de magnésie : voilà pour les eaux thermales ou chaudes. Celles dites savonneuses et qui sont froides, contiennent les mêmes substances, mais en moindre quantité, avec un peu de gaz et de fer. Quant aux eaux froides de la grande promenade, elles sont décidément ferrugineuses et contiennent en outre tous les autres principes des eaux savonneuses. »

GROSJEAN (père); 1799 — 1802.

On peut lire dans l'ouvrage de cet auteur tous les développemens de son analyse; il en résulte que le gaz acide carbonique, le natron, la magnésie, la terre calcaire, l'alumine, le fer, existent dans les trois sortes d'eaux, la thermale, la savonneuse, la ferrugineuse, en différentes proportions, à l'exception du fer, qu'on ne trouve pas dans l'eau thermale.

M. ADRIEN GROSJEAN n'a pas donné d'analyse, mais il rapporte celle dont il a été témoin, faite en 1823, par M. LONGCHAMP, chimiste, qui a parcouru les établissemens de la France à cette époque. Comme son ouvrage est moderne, nous y renvoyons pour les détails.

VAUQUELIN; 1802. (*Analyse faite par les réactifs et par l'évaporation.*)

12 pintes de l'eau du Crucifix ont fourni 79 gr. de residu sec, ce qui fait 6 gr. + $\frac{7}{12}$ par pinte.

Cette eau contient six substances supposées à l'état de cristallisation, et donne par pinte,

1.°	Carbonate de soude,	2 gr. $\frac{1}{6}$
2.°	Sulfate de soude,	2 gr. $\frac{1}{3}$
3.°	Muriate de soude,	1 gr. $\frac{1}{4}$
4.°	Silice,	1 gr. $\frac{1}{3}$
5.°	Carbonate de chaux,	0 gr. $\frac{1}{2}$
6.°	Matière animale,	1 gr. $\frac{1}{12}$.

(Voyez, pour les détails, la belle anal. de VAUQUELIN, *Ann. de chimie*, vol. 39.)

M. NICOLAS.	M. VAUQUELIN.
1.° Natrum (Carbonate de soude).	1.° Carbonate de soude ou sel de soude.
2.° Magnésie	2.° Sulfate de soude ou sel de Glauber.
3.° Alumine...........	3.° Muriate de soude ou sel marin.
4.° Silice.............	4.° Silice ou quartz.

M. Nicolas.	M. Vauquelin.
5.° Terre calcaire.......	5.° Carbonate de chaux, ou terre calcaire.
6.° Substance terro-gélatineuse..............	6.° Gélatine animale.

20 pintes de la même eau, évaporées par M. Nicolas, ont donné par pinte.......... 5 gr. $\frac{1}{2}$.

12 pintes, évaporées par M. Vauquelin, ont fourni.......................... 6 gr. $\frac{7}{12}$.

Division des eaux de Plombières d'après leurs propriétés physiques.

La température des sources que nous indiquons, et les substances qu'elles contiennent, nous offrent la division suivante :

1.° Eaux simplement froides, non minérales;
2.° — minérales froides, ferrugineuses;
3.° — minérales froides, dites savonneuses;
4.° — minérales tièdes, *idem;*
5.° — thermo-minérales.

Propriétés physiques, la ferrugineuse exceptée (voy. son article).

Couleur, saveur, odeur, nulles; d'une transparence et limpidité parfaites. Toutes températures depuis 8° ½ jusqu'à 52°.

1.° *Température générale à toutes les sources thermales:* plus ou moins chaudes suivant la hauteur barométrique, température réelle; paraissant plus ou moins chaudes suivant l'état hygrométrique et thermométrique de l'atmosphère, température fictive.

2.° *Température générale ou particulière :* non dépendante du poids de l'atmosphère, variable dans toutes les sources ou dans quelques-unes d'elles seulement, d'après le procédé de la thermalisation.

Poids. Ramenées par le refroidissement à 10° au-dessus de la glace, elles ne donnent pas au pèse-liqueur une différence bien sensible entre elles, et diffèrent même très-peu du poids de l'eau distillée.

Douceur au tact : onctuosité manifeste, et d'autant plus marquée qu'elles sont plus chaudes : toutes dissolvent très-bien le savon, cuisent parfaitement les légumes, la viande, etc., sans rien durcir.

Qualité détersive, évidente; mais il est à remarquer que le linge qui sert à l'usage des bains, acquiert, à la longue, une teinte rouge, si l'on n'a pas la précaution de le plonger incontinent après dans l'eau froide ordinaire.

Saveur : agréables à boire et n'excitant point le dégoût, comme le ferait de l'eau échauffée au même degré; elles passent d'autant mieux qu'on peut les boire plus chaudes.

Principes : plus ou moins abondans, selon qu'elles sont chaudes, tempérées ou froides.

Eau minérale froide ferrugineuse.

Propriétés physiques. Couleur, odeur, nulles. Saveur minérale atramenteuse très-prononcée; hydrogéno-sulfurée, très-faible ou nulle, suivant quelques circonstances que l'on n'a point encore observées. — Abondante, fraîche et limpide, déposant au fond du bassin un oxide de fer très-atténué, doux au toucher, de couleur rouge-jaune ou briqueté, assez abondant, se couvrant d'une pellicule réfléchissant les couleurs de l'iris.

Elle produit dans le bassin où elle se verse, comme aussi dans les bouteilles où on la conserve, une substance semi-transparente d'un aspect albumineux, de forme mamelonnée, présentant tous les caractères d'une matière organique. — L'argent s'y colore en un beau jaune doré.

Température de toutes les sources en particulier.

Eaux froides non minérales.

Sources. Fontaine godée, fontaines du bain neuf, fontaine des corps, fontaine de la route d'Épinal.

Situation. La fontaine godée prend sa source dans un pré situé sur la pente septentrionale de la montagne du midi. Elle est divisée en plusieurs parties; l'une va sortir dans la cour de l'hôpital auquel le pré appartient; une autre coule dans la rue, près le grand pont, au devant des maisons que ce pré domine : c'est la fontaine proprement dite. Enfin d'autres parties sont retenues par des particuliers.

La fontaine du bain neuf, autrefois fontaine des Capucins, prend sa source sur le revers septentrional de la montagne du midi, dans un pré situé sur la gauche du chemin qui conduit au Chaud-Breuil. Elle est divisée en quatre portions; l'une est amenée dans la maison du Préfet, et les trois autres dans des maisons particulières.

La source de la fontaine des corps est située sur la pente septentrionale de la montagne du Sud. Elle sort au-dessous d'un pré, à la gauche d'un sentier naguères encore un chemin de voitures qui, de la route de Luxeuil, longeait la montagne à mi-côte pour rejoindre les autres chemins qui vont au-dessus du plateau. Elle se divise à son entrée à Plombières en cinq parties : l'une est destinée à la caserne de la gendarmerie; la seconde alimente une fontaine située en avant des maisons qui sont adossées contre la terrasse de l'ancien château; la troisième fournit le jet d'eau du jardin du bain neuf; la quatrième coule au devant du bain tempéré; la cinquième au devant du péristile de la fontaine thermale du Chêne et quelquefois au grand bain. Elle est ainsi nommée en raison de la quantité de corps ou tuyaux en bois destinés à sa conduite.

Une autre fontaine froide prend sa source au nord de la vallée dans la gorge où la route d'Épinal était anciennement construite, entre le Simsou et les traits;

elle est amenée à l'entrée du faubourg. Elle descend ensuite dans la rue d'Épinal, où elle fournit à une autre fontaine, qui sort du même pilier que l'une des sources thermales.

La température des trois premières sources, et même celle de la fontaine d'une habitation champêtre, située sur la même ligne, prise le 8 Novembre 1812, depuis deux heures et demie jusqu'à quatre heures et demie après midi, temps clair, la température de l'air variant depuis 3° ½ jusqu'à 4°, suivant l'exposition de ces sources situées sur le même chaînon de montagne et au-dessus des sources minérales, a toujours donné 8° ½.

Il faut observer que, si l'eau de la fontaine des corps et de la route d'Épinal n'est pas aussi usitée que les autres pour la boisson, c'est que sa fraîcheur diminue en raison d'une plus grande distance qu'elle parcourt, étant retenue dans des corps en bois de sapin, peu enfoncés dans la terre. Il y a encore quelques autres fontaines froides publiques et beaucoup d'autres chez les particuliers. Toutes ces eaux sont fraîches, de la plus grande limpidité, des plus légères et agréables à boire.

Eaux minérales froides, dites ferrugineuses.

La fontaine Bourdeille est située dans la promenade des dames, au centre de la vallée, à l'est de la ville. — Elle porte le nom d'un évêque qui en fit la découverte.

Le 25 Octobre 1812, temps couvert et brumeux, entre neuf et dix heures du matin.

Le thermomètre, placé en dehors de cette fontaine, marquait.......................... 10°.

Plongé dans le bassin, il est remonté à 11° faible.

Eaux minérales froides, dites savonneuses.

La source savonneuse de la rue de Luxeuil, découverte en 1678, se trouve sur la pente de la montagne du sud, au pied des terrasses de l'ancien château. Un petit bâtiment renferme le bassin, qui la reçoit d'une roche granitoïde à filons de feldspath pétuntzé. Elle est élevée à 15 mètres environ au-dessus du grand bain, où elle est conduite : là, elle sort par un tuyau en plomb et tombe dans une auge placée en renfoncement dans l'épaisseur du parapet vis-à-vis le récipient d'une des sources thermales.

Le 25 Octobre 1812, même temps que ci-dessus, entre dix et onze heures du matin.

Température atmosphérique........ 8° faible.
— de l'eau.............. 12°.

La source savonneuse du bain neuf se trouve aussi sur la pente de la montagne du sud, sous la troisième terrasse du jardin. Elle sort du rocher, dans le fond d'une grotte tapissée d'hépatiques.

Le 25 Octobre 1812, même temps, même heure, même température atmosphérique que ci-dessus.

La température de cette eau a également donné 12°.

Eaux minérales tièdes.

Le 1.er Avril 1829, une excavation faite dans la roche sur laquelle pose la deuxième terrasse du jardin du bain neuf, mit à découvert deux sources tièdes : l'une sort à 4 mètres en avant de la fontaine savonneuse et à 1 mètre 60 au-dessous ; l'autre à 3 mètres de profondeur et à 1 mètre 70 en avant du mur de séparation du jardin, vers le centre du côté droit de cette excavation.

Le même jour, entre midi et une heure, temps couvert, vent du nord-ouest.

Température de l'air.............. 10° ½

— — la source du milieu... 15°

— — — — côté droit. 24°

Produit des deux sources par minute... 8 litres.

FONTAINE DE LA MAISON N.° 112, PROCHE LE BAIN NEUF.

Elle est située dans la cour d'une maison particulière attenante au bain neuf.

Le 30 Septembre 1812, temps moitié couvert.

Le thermomètre, à l'ombre dans la cour.. 12°

Température sous le coulant de la fontaine. 18° ½.

Il est à croire que si la température était prise dans la source même, éloignée de dix pas environ, elle monterait à.............................. 19°.

Eaux minéro-thermales.

FONTAINE MÜLLER.

Les sources qui forment cette fontaine sourdent sur la pente de la montagne du nord, derrière la maison d'un habitant de la rue d'Épinal. Elles sortent d'une roche granitique creusée en voûte de 3 à 4 mètres carrés, à 15 mètres au-dessus du fond du grand bain.

Le 25 Thermidor an 10 (13 Août 1802).

Température atmosphérique............ 20°

— — du caveau............... 26°

3 sources sortent du fond, celle du milieu a 31°

Celle à gauche de celle-ci, a également... 31°

Celle à droite, selon la direction de l'eau.. 27° ½

Celle du côté droit, en entrant......... 30° ½.

Au milieu de toutes ces sources il y en a une d'eau froide qui sort du même rocher.

Cette caverne exhale parfois, au moment où l'on ouvre la porte, une vapeur épaisse dont l'odeur a quelques rapports avec celle du bouillon de veau.

La roche granitique, comme la roche granitoïde qui lui est superposée, est entrecoupée de fissures à travers lesquelles l'eau s'est fait un passage. Le gaz thermal en sort avec sifflement par intermittence.

Cette eau est claire et limpide; elle paraît plus constamment onctueuse que celle des autres sources qui sourdent du sol de Plombières. Elle a parfois, comme celle de la source du Chêne, une saveur plus ou moins prononcée.

La fontaine Müller porte le nom d'un particulier qui la vendit à la commune.

BAIN DE DIANE, DE LA REINE OU DES DAMES (PARTICULIER).

Cet établissement est situé sur la rive gauche de l'Eau-Gronne, au-dessous de la rue de Luxeuil, près du pont qui réunit la route de Metz à celle de Besançon.

La source, adossée contre la montagne, sort d'une roche granitique, au niveau du sol, d'où elle monte dans un récipient formé en béton dans lequel sont placés deux tuyaux coulans.

Étymologie. Ce bain était anciennement consacré à la chaste *Diane*, reine des forêts. Il était spécialement destiné *aux dames;* de là le nom qu'il porte encore aujourd'hui.

Le 13 Août 1802:

Température atmosphérique............. 20°
— de l'eau sortant du goulot.... 41°
— — au milieu du bassin... 30°.

FONTAINE SIMON.

(*Source chaude sous la rue de Luxeuil.*)

Elle sort dans la pente de la montagne du sud, au pied des murs de l'ancien château, au-dessous d'une maison particulière. Son récipient de 2^{m} carrés est un bassin creusé dans le roc à 46 pieds au-dessus du fond du grand bain. Elle est amenée au dehors par un aqueduc voûté de 39 pieds (13 mètres) de long, qui traverse la route de Luxeuil.

Elle porte le prénom d'un particulier qui la vendit à la commune.

Le 19 Thermidor an 10 (7 Août 1802), à huit heures du matin :

Température de l'air.................. 20°
— — l'eau.................. 29°
Elle perd dans son trajet.............. 1° $\frac{1}{2}$.

Source de la vieille Étuve, dite de Bassompierre.

La vieille étuve est placée au nord, sur la rive droite de l'Eau-Gronne à l'opposite du bain des dames, vis-à-vis le petit pont sous lequel ses eaux allaient se perdre autrefois.

Un canal étroit sortant des fondations de la maison voisine, à l'est, contre laquelle cette étuve est adhérente, amène l'eau dans un récipient, à l'angle sud-ouest. Il s'en échappe du gaz thermal.

Étym. Cette étuve, plus ancienne que celle du bain des pauvres et de la cuvette ou étuve neuve, a été aussi appelée de Bassompierre, parce que le nom de Charles-Louis de Bassompierre était gravé sur le linteau supérieur de la porte.

Le 19 Thermidor an 10 (7 Août 1802), à deux heures après midi :

Température de l'air.................. 25°

— de l'eau.................. 47° $\frac{1}{2}$.

Le 15 Germinal an 13 (Avril 1805) entre trois et quatre heures du soir, temps orageux:

Température de l'air.................. 17°

— du vestiaire, étuve sèche.... 28°

— de l'étuve humide......... 33°

— de l'eau.................. 51°.

Nota. La différence remarquable qui se trouva dans les deux temps de ces expériences, nous engagea, d'après les circonstances atmosphériques qui se présentèrent alors, à suivre la température de ces eaux de la manière indiquée ci-après.

Sources situées au bas de la descente de la rue, près l'Étuve de Bassompierre.

Petite source, découverte le 15 Germinal an 13 (Avril 1805).

Température de l'air, entre trois et quatre heures du soir, temps orageux .... 17°

Température de l'eau.................. 52°.

Mêmes circonstances que ci-dessus.

Source dite anciennement du conduit (usuaire de ville).

Jour, heures, temps et température atmosphérique, *idem :*

Température de l'eau à la sortie du tuyau.. 47°

Produit par minute de ces trois sources réunies, litres.................... 15 $\frac{1}{4}$.

Nota. Il y en a aussi plusieurs autres environnantes; toutes jaillissent à travers le sable, notamment celle que j'ai découverte à 52°. Nos observations particulières tendent à prouver qu'elles s'échappent de la mère-source du grand bain. Si, à l'époque de nos expériences, l'on n'eût point été contrarié dans les recherches, on serait probablement parvenu à découvrir le lieu de leur origine.

FONTAINE DU CHÊNE OU DU CRUCIFIX.

(*Anciennement Bain du chêne.*)

Cette fontaine sort au pied de la montagne du nord, entre la vieille étuve et le grand bain.

Elle fournissait autrefois de l'eau chaude à un bain auquel on avait donné le nom du Chêne, parce que tout auprès de la source il y avait un chêne, quand on commença à fréquenter ce bain, qui avait été abandonné, comme les autres, pendant les guerres. En 1634 l'on y plaça un crucifix.

Deux sources, d'une température différente, sont rassemblées dans un puits commun.

Le 18 Thermidor an 10 (6 Août 1802), à cinq heures après midi :

Température de l'air.................... 23°
— de l'eau sous les coulans..... 39°
— — au centre infér. du puits. 40°.

Sources négligées dans la rivière.

1.° Sous la première maison de la façade méridionale, sortant des carreaudages, dans la direction de l'ancien canal des bains et des sources ci-dessus.

Le 25 Thermidor an 10 (13 Août 1802) :

Température de l'air.................. 20°
— de l'eau.................. 40°.

2.° Dans le granit, sur lequel est élevé le mur de la rive gauche de l'Eau-Gronne, sous la première maison de la façade méridionale rentrante, vis-à-vis le grand bain.

Le 25 Thermidor an 10 (13 Août 1802), à midi :

Température de l'air.................. 19°
— des trois filets d'eau. 31° ½ 38° 40°.

PUISARD EN AVANT DU GRAND BAIN.

(*Découvert le 12 Février 1824.*)

Il est éloigné de l'extrémité de la façade méridionale de........................ 6^m,

— — — des arcades.. 5 60

— — — du parapet qui forme l'entrée du bain à gauche.... 4

Il est situé au-dessous du sol à........ 1 60.

Température de l'eau............... 49° R.

GRAND BAIN.

Ce bain est situé au centre de la ville, entre la fontaine du Chêne et le bain tempéré bâti sur son extrémité inférieure ancienne.

Il est ainsi nommé en raison de la vaste étendue qu'il avait autrefois.

1.° *Source de l'entrée orientale à droite.*

Le 19 Thermidor an 10 (7 Août 1802), à huit heures et demie du matin:

Température de l'air.................. 20°

— de l'eau au goulot.......... 50°

— — à la sortie du canal souterrain.......... 52°.

2.° *Source de l'entrée orientale à droite.*

Le 19 Thermidor, *idem*, *ibidem:*

Température de l'air.................. 20°

— de l'eau au goulot........... 44°

— — à la sortie du canal souterrain........... 47°.

Nota. Le 2 Juin 1814, entre une et deux heures après midi, mêmes sources, mêmes résultats, la température de l'air étant à 15.°

3.° *Source sortant entre les assises du bassin, côté septentrional. — Bain de vapeur utérin.*

Le 2 Juin 1814, entre une et deux heures après midi, temps brumeux et pluvieux, vent du sud-ouest:

Température de l'air .... 14°.

— de l'eau.................. 50° ½.

PUISARD A L'EXTRÉMITÉ INFÉRIEURE ACTUELLE DU GRAND BAIN.

(*Découvert en Octobre* 1823.)

Ce puisard, de 65 centimètres carrés, se trouve éloigné du mur du grand bain de......... 3m48.

Son eau a été dirigée dans l'étuve nouvelle.

Température de l'eau.................

SOURCE D'ESTOURMEL.

Elle est située entre le grand bain et le bain tempéré. La source primitive est renfermée dans la maison d'un particulier.

Étym. Du nom d'un Préfet qui en avait facilité la recherche.

Le 30 Septembre 1823, à trois heures et demie après midi, vent du sud-ouest.

Température de l'air.................... 14°

— de l'eau.................. 33°.

Il est à croire que si la température était prise à la véritable source, elle serait plus élevée.

SOURCE DE L'ANCIEN BAIN DES LADRES OU DES LÉPREUX. — FONTAINE DE LA CUVETTE. — ÉTUVE NEUVE.

Elle est située à peu de distance de l'angle sud-ouest de l'extrémité inférieure du grand bain. Elle provient d'un canal qui a son origine en face de l'ancienne étuve.

Étym. Bain des ladres; parce qu'il était spécialement destiné aux malheureux infectés de lèpre. Ce bain fut transformé en une fontaine qui reçut le nom de la Cuvette, ensuite en une étuve qui porta celui de neuve, par opposition à l'ancienne. L'étuve neuve fut supprimée lors de la construction du bain neuf.

Température de l'eau.................. 52°.

PUITS DES MÉDAILLES.

Il est placé dans un banc de ciment près de l'angle externe nord-est du bain neuf ou royal.

Étym. Ainsi nommé en raison de médailles romaines, renfermées dans un vase de terre fine que l'on a trouvé dans son intérieur.

Le 17 Octobre 1818, à huit heures et demie du matin, vent du nord-ouest, temps serein:

Hauteur barométrique............ 27 pouces $\frac{1}{2}$.
Température atmosphérique............. 10°
— de l'eau.................. 43°.

SOURCE INTÉRIEURE DU BAIN NEUF.[1]

Cette source, découverte lors de la construction du bain, sourd près le grand bassin, à l'angle nord-est. Deux filets d'eau sont réunis dans un puits d'un mètre cube.

Le 2 Août 1813, à dix heures du matin, temps à moitié couvert:

Température de l'air................ 18° $\frac{1}{2}$
1.er filet d'eau sortant à droite *nord*.... 33° fort
2.° — — — à gauche *est*..... 32°.

PETIT BAIN.

Établissement qui aboutissait anciennement à l'extrémité inférieure du grand bain. Aujourd'hui, par suite

---

1 L'historique de ce bain appartenant à la description des antiquités, nous renvoyons aux mémoires publiés à ce sujet.

de nouvelles constructions, il se trouve derrière le bain tempéré.

Synonymie. Il portait autrefois le nom de bain des gouttes ou des goutteux, des pauvres, et bain des Capucins.

Étym. On l'a ainsi nommé à cause de ses dimensions moins considérables que celles des autres établissemens.

Le 19 Thermidor an 10 (7 Août 1802), à une heure après midi, et le 28 Août 1813, à midi, temps à moitié couvert :

Température de l'air	....	14°
—	de la source extérieure, trou du dehors	41°
—	de la source intérieure, trou du dedans	44°
—	de la vapeur à la superficie et à l'air libre	22°
—	de la vapeur à la superficie fortement concentrée	36°.

Opinion sur la chaleur et la vertu des eaux de Plombières.

L'impossibilité de se rendre raison de l'efficacité des eaux de Plombières dans les maladies les plus graves, par la seule action des substances qu'on y découvre par l'analyse chimique, soit qu'on réfléchisse sur les propriétés médicinales de ces substances prises isolément, ou sur celles qu'elles peuvent avoir dans l'état de mixtion où elles se trouvent dans les eaux thermales, me porte à croire que les explications que l'on donnerait de la vertu de ces eaux, d'après la nature des principes chimiques qu'elles contiennent, seraient insuffisantes; mais qu'il faut admettre qu'il y existe, indépendamment de ces produits chimiques, un principe volatil dont on n'a pu jusqu'à présent démontrer l'existence, quoique la physique et la chimie possèdent des instrumens d'une grande perfection.

Ce qui m'a semblé appuyer cette opinion, c'est que, dans le pays même, on a la certitude, par un grand nombre d'expériences bien constatées, que la vertu des eaux diffère en les prenant à une plus ou moins grande distance de la source, et que, si l'on veut obtenir les effets salutaires qu'elles ont manifestés si souvent, il faut les boire aussitôt qu'elles ont été puisées.

On sait aussi que les eaux minérales artificielles et les bains domestiques ne produisent pas les mêmes effets que les eaux naturelles; qu'enfin ces eaux artificielles ne peuvent être considérées comme aussi efficaces.

Avant que d'adopter une opinion, nous avons rapproché les systèmes et réduit à plusieurs questions tout ce qui peut concerner la cause de la chaleur et de la vertu des eaux de Plombières.

Depuis que les hommes s'occupent d'histoire naturelle jusqu'à nous, il n'est peut-être pas de phénomène qui ait plus excité la curiosité que la cause de la chaleur des eaux thermales : de là les nombreuses recherches et les systèmes différens sur un point que l'on n'a pas encore réussi à éclaircir.

L'analyse n'a point ou presque point fourni de données à l'aide desquelles on puisse déduire la cause de cette chaleur : on dirait qu'il est des faits dont les causes paraissent devoir rester ignorées jusqu'à ce que le hasard nous procure l'occasion de les découvrir.

Quoi qu'il en soit des nombreuses hypothèses longuement décrites dans tous les ouvrages qui traitent de la géologie en général, et que nous nous abstiendrons de rapporter ici, comme étant bien connues, rien ne nous paraît rejeter l'opinion que nous avons émise en 1813, que le fluide galvanique pouvait entrer en combinaison, soit médiatement ou immédiatement, dans la formation des eaux thermales.

Il est reconnu que les fluides électriques et galvaniques ne sont l'un et l'autre qu'une modification d'un seul et même fluide ; car s'ils s'éloignent dans quelques-uns de leurs effets, ils se rapprochent encore plus par d'autres. Dans le système que nous avons proposé, nous croyons que c'est au fluide électrique, mis en action par des conditions ou circonstances analogues à celles qui déterminent les courans galvaniques, qu'on a aussi nommés électricité animale, que ces eaux doivent en partie leur vertu et l'une de leurs grandes propriétés, celle d'être éminemment stimulantes.

Pour prouver ce qui vient d'être avancé, il ne s'agirait que de trouver un instrument d'une perfection telle qu'il pût marquer tous les degrés de ce fluide, en plus ou moins, que ces eaux contiennent.

Des considérations relatives à la situation des eaux thermo-minérales des Vosges, tendant à développer les différens rapports qu'ont entre elles ces montagnes, pourraient donner lieu à des recherches intéressantes. Parmi les faits d'une évidence incontestable, c'est la présence des eaux thermales sur la pente ou versant occidental des Vosges au pied des derniers rameaux, et l'absence de ce phénomène sur le versant oriental.

La base des deux chaînons de montagnes d'où sortent les sources thermales, est une roche primitive, entrecoupée de fentes verticales ou obliques; le granit qui la forme est composé de mica, de peu de quartz, mêlé debeaucoup de felspath blanc et rouge.

Cette roche granitique est surmontée d'une roche granitoïde moins compacte, présentant le même système et les mêmes élémens. Les fentes plus ou moins larges sont remplies d'une terre à laquelle on a donné le nom de *savonneuse*, parce qu'elle est douce, grasse et onctueuse, comme du savon, et les eaux froides qui passent à travers les mêmes fissures, ont retenu ce nom; c'est un très-beau *petuntzé*, propre à la couverte de la porcelaine.

Le felspath est composé lui-même de quartz, d'argile, de magnésie, de terre calcaire et de soude.

Nous admettons, d'après cette analyse, que cette formation est un effet de l'action intérieure qui produit la chaleur des eaux; que cette terre est la substance même du felspath, décomposé par la haute température du gaz et le fluide galvanique, puisqu'elle ne se trouve que dans l'espace compris entre les sources thermales, ou 730 pieds (243 mètres) de longueur environ; la décomposition de la roche est d'autant plus considérable que les eaux qui arrivent sont plus chaudes. L'acide fluorique qu'on rencontre neutralisé avec la chaux, n'y aurait-il joué qu'un rôle secondaire?

Les filons paraissent s'élargir en s'enfonçant; car plus on creuse, plus on obtient de cette terre toujours placée entre deux lames de fluate de chaux. Ce fait, s'il existait constamment, en confirmant cette remarque, que plus ces eaux ont de chaleur et plus cette terre est considérable, quelle image imposante de décomposition ne présenterait-il pas, et à quel point pourrait-on la supposer dans ces montagnes!

Cette terre blanche ou rosée, plus ou moins compacte, se trouve aussi colorée par une substance noire, quelquefois du plus beau velouté, comme soufflé à sa surface par les vapeurs souterraines. C'est une variété nouvelle du fer oligiste que l'on trouve dans les environs, et notamment de celui que j'ai découvert, en Octobre 1830, à la partie supérieure de Plombières, vers cette partie où la fontaine ferrugineuse prend son origine.

La roche granitoïde est coupée en quelques endroits, de l'est à l'ouest, par des pyrites ou fer sulfuré en filons.

Ces pyrites se couvrent d'une efflorescence en petites houpes soyeuses : elles présentent de beaux cristaux transparens et sans couleur de sulfate de fer. Enfin, elles donnent aussi une efflorescence d'un soufre d'une belle couleur jaune, cristallisé sous un forme particulière.

Variations dans la chaleur, dans les principes, la saveur et les propriétés des eaux de Plombières.

§. I.

Il est à présumer que les différentes sources que l'on trouve à Plombières ont toutes le même degré de chaleur dans l'origine, et qu'elles ne diffèrent entre elles que par le mélange d'eaux étrangères. Si ces eaux ont paru subir quelques variations de température dans les temps froids, secs, chauds et humides, on a dû attribuer cette circonstance au refroidissement qu'elles ont pu éprouver dans les canaux artificiels qui sont peu enfoncés sous la terre, et à l'état de l'atmosphère plus ou moins chargée d'humidité. Elles peuvent paraître plus ou moins chaudes aux approches de la pluie et du beau temps; mais cette variation tient, à ce qu'il paraît, le plus souvent, à l'illusion de nos sens, et aux effets de la température atmosphérique sur notre corps. Il en est de même de leurs vapeurs, qui sont plus ou moins apparentes, suivant la densité de l'air.

Cependant nous avons remarqué dans la chaleur des eaux une variation qui ne peut être mise en doute, dont il est difficile de découvrir la cause et de se rendre raison. Nous rapporterons dans ce chapitre les observations qui ont été faites précédemment et le résultat de celles qui nous sont particulières.

De même que les principes contenus dans les eaux de Plombières varient dans leur quantité en différens temps, soit dans toutes les sources, soit dans quelques-unes d'elles seulement, de même aussi leur chaleur varie généralement dans toutes les sources et dans chacune d'elles en particulier.

LEMAIRE est le premier qui ait fait attention à ce phénomène, il trouva dans la même source une variété de chaleur qui se présenta sous deux rapports et qui dut être attribuée à deux causes différentes. L'une d'elles resta sans explication, l'autre fut attribuée aux circonstances atmosphériques.

En 1718 l'eau de la fontaine du Chêne lui parut bien plus chaude que celle de la fontaine du bain des Dames, pendant tout le mois de Mai et une partie du mois de Juin suivant. Au mois de Septembre de la même année il la trouva dans sa chaleur ordinaire.

Les observations qu'il fit dans les années 1743, 1744 et 1745, confirment que les eaux sont plus chaudes aux approches de la pluie, et moins chaudes aux approches du beau temps.

MALOUIN, en 1746, s'est occupé à examiner les différens degrés de chaleur des sources de Plombières; il en donne la table à la fin de son mémoire : il avance que leur chaleur n'est point toujours la même, et qu'elle augmente ou diminue en proportion des changemens de temps et de la différence du poids de l'atmosphère.

Serait-ce donc par cette raison que les étuves sont moins chaudes par le vent du nord que par le vent du sud-ouest, qui presse et refoule les vapeurs dans le canal où les eaux de la source s'écoulent?

En 1802 nous observâmes que la source de Bassompierre était à 47° $\frac{1}{2}$ de température, celle de l'air étant à 25°; en 1805, la température de l'air étant à 17° seulement, mais par un temps orageux, elle donna 51° R.

En 1831 nous fîmes les mêmes observations sur l'eau du grand bain. Pendant près de deux mois, dans lesquels les circonstances atmosphériques ne furent pas toujours les mêmes, la température de l'eau baissa de trois degrés, et ne donnait plus que 47° R. faibles, au tuyau coulant, au lieu de 50° qu'elle a le plus ordinairement.

Si les eaux de Plombières paraissent plus ou moins chaudes, suivant le poids de l'atmosphère, cette différence, qui se manifeste même à l'organe du goût, fait qu'elles sont plus ou moins agréables à boire. Je crois, d'après quelques expériences appuyées sur la remarque de LEMAIRE, que la chaleur des eaux diffère suivant quelques circonstances, quoiqu'elle revienne toujours au même degré. Personne, jusqu'à présent, dans toutes les expériences relatives à leur température, n'a fait attention à la hauteur du mercure dans le baromètre; hauteur qui ne dépend pas toujours de la pluie ou d'un temps sec, mais de quelques phénomènes électriques, que ces eaux, en différens temps, ont paru suivre avec assez d'exactitude. C'est le sujet d'une table ou série d'observations à faire.

LEMAIRE, en observant la température plus ou moins élevée, réelle ou fictive de ces eaux, avait déjà remarqué dans le thermomètre une différence d'environ trois lignes (trois degrés), entre la plus grande et la plus petite élévation, lorsque la température dépendait du poids de l'atmosphère; mais cette différence, comme la variation dans les principes, s'est aussi offerte, autant que nous avons pu en juger, indépendante des circonstances atmosphériques.

§. II.

Nous allons donner des considérations sur les effets produits par le nitrate d'argent dans l'eau des sources thermales de Plombières.

MALOUIN, dans son analyse des eaux savonneuses de Plombières, insérée dans les Mémoires de l'Académie des sciences pour l'année 1746, s'exprime ainsi à l'occasion de ce réactif:

« L'argent dissous par l'eau forte a troublé d'abord en blanc l'eau savonneuse de Plombières, ensuite elle est devenue bleuâtre.» — Cet auteur n'a point tiré de lune cornée de ce précipité. Il attribue au bitume la couleur bleuâtre que donne ce réactif à l'eau minérale.

Ayant réduit par l'évaporation quatre pintes de l'eau minérale savonneuse à environ une soixantième partie de son premier volume, il trouve les résultats des expériences faites sur l'eau qui était restée après l'évaporation, les mêmes que ceux obtenus sur l'eau non évaporée, avec cette différence que l'eau dans cet état de réduction a précipité plus promptement les dissolutions d'argent et de mercure, faites par l'esprit de nitre. La cuiller d'argent avec laquelle il avait puisé de cette eau concentrée, s'est trouvée enduite d'une espèce de crème qui paraissait l'avoir dorée. Cette cuiller mise dans le feu, la crème huileuse a brûlé sans laisser de taches noires à l'argent; ce qui prouvait, selon lui, que c'était du bitume et non du soufre minéral. [1]

Dans sa belle analyse des eaux de Plombières, en 1803, VAUQUELIN avait remarqué que le nitrate d'argent occasionne dans cette eau une couleur jaune-brun. Mais il ne paraît pas qu'il y ait attaché aucune importance.

Voici comme la coloration déterminée par ce sel

---

1 En 1830 nous avons exposé pendant quelques heures une pièce d'argent bien décapée sous le tuyau coulant de la fontaine ferrugineuse, dont l'eau contient aussi une matière organique; l'argent a pris une couleur d'or, souvent irisée. Plusieurs naturalistes n'ont point été d'accord sur la cause qui la détermine : les uns l'ont attribuée au fer; d'autres à la matière organique. Cette coloration se dissipe d'elle-même au bout de quelque temps.

se comporte. — Couleur opale, puis d'un beau rose qui prend la teinte cannelle, et se fonce d'autant plus par son exposition à la lumière, sans précipité immédiat, mais à la longue.

L'eau de Luxeuil, prise pour terme de comparaison, n'a point offert ce phénomène; mais elle se comporte absolument comme les eaux chargées d'hydrochlorate, et donne un précipité blanc, caillebotté. Il faut donc admettre dans les eaux de Plombières un principe particulier.

La belle teinte rose ou cannelle que cette eau prend par l'addition du nitrate d'argent, proviendrait donc de la substance organique. La couleur brune que ce nitrate laisse sur la peau, prouverait d'ailleurs la justesse de cette observation. [1]

Que l'on imite l'eau minérale de Plombières sans addition de gélatine, le nitrate agira comme sur les eaux faiblement chargées d'hydrochlorate de soude, il n'y aura pas de coloration; ajoutez à cette eau factice de la gélatine, retirée des eaux de Plombières, et l'on aura une coloration semblable à celle que l'on obtient de l'eau naturelle.

Cette coloration qui, peut-être, n'a lieu que dans les eaux de Plombières en raison d'un principe qui leur est particulier, paraît dépendre aussi de la quantité de substance organique. Plus ces eaux en contiennent, et plus aussi elles se colorent par le nitrate; lorsque cette quantité est faible, cet effet ne se présente pas. Il paraît que cette coloration ne se fait qu'avec

---

1 Le nitrate d'argent ne colore pas seulement la peau à l'extérieur; mais lorsqu'on l'a donné à l'intérieur comme remède et qu'on le continue outre mesure, il fait prendre à cet organe une teinte olivâtre d'un aspect particulier.

le concours de la lumière, et qu'elle n'a pas lieu dans l'obscurité.

Les précipités des eaux de Plombières par le nitrate d'argent, sont violets lorsque la coloration n'a pas lieu dans le liquide. Les précipités de toutes les teintes se dissolvent dans l'ammoniaque.

Ce principe organique existe toujours, quoiqu'en moindre quantité; si le nitrate n'opère pas d'une manière aussi apparente sur une source que sur une autre, il est encore assez considérable pour que le précipité médiat, après avoir présenté la teinte opale plus ou moins foncée, passe constamment au violet.

Quand le principe qui produit la coloration à l'aide du nitrate, se trouve en petite proportion dans l'eau, il n'y a pas de teinte rougeâtre permanente dans le liquide, mais bien dans le précipité. Lorsque ce principe s'y trouve en plus grande proportion, il ne se fait pas de précipité immédiat, et toute l'eau reste constamment et pendant long-temps colorée; ce qui prouve que plus ces eaux contiennent de substance organique, et plus aussi elles se colorent par le nitrate, ce que l'on peut démontrer par l'évaporation.

Nous avons vu que la coloration par le nitrate a offert une couleur rose cannelle, et d'autres fois, avec la même quantité d'eau et de réactif, nous n'avons obtenu qu'une teinte laiteuse plus ou moins opaque.

Cette coloration ne se présente pas toujours d'une manière identique dans la même source et dans toutes les sources de l'établissement. Nous n'avons pu jusqu'à présent déterminer quelle était la cause de ce phénomène: la fontaine du grand bain qui, pendant plusieurs mois, n'avait donné qu'un faible signe de coloration et d'indice de sel marin, nous offrit le 23 Juillet 1831 une teinte beaucoup plus foncée que celle que nous ayons encore pu obtenir de l'une des sources où elle est la plus constante. Il faut donc admettre que ces eaux varient dans leurs principes, qui, parfois, y sont plus abondans.

§. III.

La même variation a lieu aussi dans la quantité des principes salins, et cette variation, comme celle de la substance organique, ne suit pas toujours l'échelle de la température des eaux.

Le gaz thermal, comme nous le rapporterons autre part, varie aussi dans sa quantité; son émission est plus ou moins fréquente. Cette variation, jusqu'à présent, n'a point encore été étudiée et ne peut, d'après cela, être attribuée à aucune cause.

L'on peut conclure des expériences précédentes que dans les eaux de Plombières la gélatine et les autres principes sont soumis à des circonstances naturelles qui rendent ces principes plus abondans; que ces eaux varient par intermittences irrégulières dans la quantité de leurs principes fixes et volatils, ainsi que dans leur température. Leur pesanteur specifique, dépendant de ce phénomène, ne peut être calculée d'une manière exacte.

De cette variation dans les principes, l'on doit admettre qu'il en existe une aussi dans leurs propriétés, et que les effets qu'elles produisent sur l'organisme ne sont pas toujours les mêmes d'une saison à l'autre, et probablement, toute abstraction faite de l'idiosyncrasie particulière à chaque individu, dans le cours de la saison où l'on en fait usage.

Cette connaissance devient donc indispensable pour régler et varier l'emploi des eaux. Ainsi il faudra observer si les eaux ont plus ou moins d'activité, selon l'abondance des principes salins et gélatineux; si le fluide galvanique en est indépendant, ou si les effets de celui-ci ont lieu en raison de l'état électro-positif de l'alcali libre que ces eaux contiennent.[1]

Quoique l'on ait présumé que les différentes sources qui surgissent à Plombières, proviennent toutes du même cratère, l'on voit cependant qu'elles diffèrent entre elles et aussi en elles-mêmes. Cette différence dans le procédé de la thermalisation et de ses produits, inaperçue jusqu'à présent, est une observation qui suit naturellement celle que M. GIMBERNAT avait faite au Vésuve, où, à côté de fumerolles qui exhalent des vapeurs d'acide hydrochlorique, l'on en voit d'autres à travers lesquelles sort une fumée épaisse qui, étant condensée et réfroidie, a donné à ce savant naturaliste une eau chargée d'une substance gélatineuse sans aucun autre principe acide ou alcalin.

De même que les eaux thermo-minérales, les eaux minérales froides varient dans leur saveur et la quantité de leurs principes fixes et volatils.

Leseaux minérales qui rougissent par l'addition de la noix de galle en poudre, perdent avec le temps cette propriété, qu'elles avaient en sortant de leurs sources.[2]

Les eaux ferrugineuses acidules comme celles de Bussang, et non acidules comme celles de Luxeuil et de

---

1 Il est incontestable qu'en différens temps ces eaux sont plus actives et qu'il faut en faire usage avec ménagement. J'ai entendu beaucoup de personnes se plaindre en disant que les eaux étaient trop fortes. Je leur indiquais la manière de les atténuer, et dès-lors elles pouvaient continuer leurs exercices en toute sécurité; car à Plombières l'on peut diminuer la force médicatrice des eaux plus facilement peut-être que partout ailleurs.

2 LEMAIRE.

Plombières, n'ont plus d'action sur l'acide gallique, et sur le cyanure rouge de potassium, après avoir séjourné dans les bouteilles.

Il y a des temps où les eaux de Bussang ne prennent pas la teinte rouge ou violette par l'addition de la noix de galle ou de sa teinture, lorsqu'elles sont faibles. Il paraît que les degrés de teintes vont en diminuant en raison de la proportion du fer et de l'alcali contenus dans ces eaux.[1]

La variation dans les principes volatils est encore plus fréquente. Il y a des époques non déterminées où ces eaux ont une saveur plus ou moins aigrelette, d'autres fois à peine sensible, ou elles ont parfois une saveur atramenteuse assez désagréable. Comme cette variation se manifeste souvent d'un jour à l'autre, et même dans le cours de la journée, il est donc nécessaire, avant de les puiser, de s'assurer qu'elles sont pourvues de tous leurs principes.

L'eau ferrugineuse de Plombières varie aussi dans ses principes, ce dont on peut se convaincre à la seule inspection et par les réactifs. La substance organique n'apparaît plus dans le fond du bassin, et dès-lors le sulfate de cuivre ne présente plus de précipité dans cette eau.

---

1 LEMAIRE.

Notice sur le gaz thermal des eaux de Plombières et les sources où ce gaz est le plus abondant.

PETIT BAIN.

Cet établissement est construit sur les deux dernières sources que l'on trouve à l'ouest et au centre de la ville.

La source intérieure de ce bain sort dans un intervalle ménagé entre les degrés au nord du fond du bassin. Un trou circulaire, dont le diamètre est de $0^m,18$ et sa profondeur de $0^m,80$, forme un cône renversé, qui se termine par l'extrémité d'un tuyau en bronze de $0^m,06$ d'ouverture. L'eau coule et se répand sur le pavé, lorsque le bassin est vide; elle s'élève à la hauteur d'un mètre pour le remplir.

De grosses bulles d'air montent instantanément et par intermittences irrégulières du fond de la source et viennent éclater à la surface, qui se couvre alors de vapeurs plus épaisses. Ces intermittences sont plus ou moins rapprochées, et ce gaz est plus ou moins abondant, selon des circonstances encore inconnues. (*a*)

L'intérieur du tube étant rempli de sable, il paraît que l'eau s'est formée un passage aux environs. Le gaz s'échappe autant du pourtour que du centre, et même par les joints des pavés environnans. Comprimé par les obstacles qu'il rencontre, c'est quelquefois avec force qu'il fait jaillir l'eau. Il est probable que ce gaz sortirait avec des intermittences moins longues, si la source était mieux entretenue. Nous devons donc fixer l'attention sur les avantages précieux qui résulteraient d'une réparation bien entendue. Il est bien que l'on s'appesantisse sur le parti que l'on peut tirer de cette source, dont on fait usage le plus souvent sans conseils et par tradition.

Propriétés physiques et chimiques du gaz des eaux thermales de Plombières.

Ce gaz est incolore et sans odeur. Il éteint les bougies avec promptitude. Les animaux à sang chaud et à sang froid ne paraissent pas en être incommodés. Il ne donne aucun indice d'acide carbonique; c'est un mélange d'azote et d'oxigène, dont les proportions réciproques ne sont pas celles qui donnent lieu à la formation de l'air atmosphérique. Il est absolument identique avec celui des eaux de Luxeuil et de Bains à température égale.

Plus ces eaux sont chaudes, plus aussi ce gaz est homogène et se trouve moins mélangé d'air atmosphérique; ou, en d'autres termes, la quantité d'azote que ce gaz contient, suit l'échelle de leur température.

L'on doit attribuer la majeure partie des vertus des eaux minérales à ce gaz, que l'on peut considérer comme éminemment générateur des forces vitales. M. Gimbernat lui avait donné le nom de *zoogène.*

Ce gaz, considéré comme fortifiant, ne produirait point l'irritation que les bains occasionnent, et au contraire serait très-souvent et dans beaucoup de cas sédatif. Aussi les principes volatils, jusqu'à présent à peine entrevus, sont-ils peut-être plus essentiels aux vertus des eaux minérales naturelles que les sels qu'elles contiennent, ce que semblent confirmer les guérisons qu'elles opèrent, et qu'on ne saurait obtenir par les bains d'eaux minérales artificielles, surtout par celles destinées à imiter les eaux thermales.

D'après ces considérations l'on voit que, jusqu'à présent, l'art n'est pas encore parvenu à imiter les eaux naturelles, et que dans celles-ci l'on doit souvent accorder la préférence aux bains de vapeurs sur ceux d'immersion; dès-lors serait-il bien positif que nous connussions le mode d'action des eaux de Plombières, selon les théories le plus généralement reçues, et que nous connussions parfaitement quelle modification en résulte dans l'organisme chez le grand nombre de personnes affectées de maladies différentes auxquelles ces eaux réussissent? c'est ce qu'il nous reste à démontrer.

On procurerait une plus grande utilité médicinale des eaux minérales par des moyens propres à retenir et à administrer aux malades les vapeurs et les gaz qui se perdent par les vices de construction. L'on s'est plus occupé, jusqu'à présent, de connaître les sels de ces eaux, que d'examiner leurs principes volatils, qui sont néanmoins les plus importans.

Ainsi nous considérerons les fluides élastiques des sources thermales comme des principes organiques, analogues à ceux des substances animales susceptibles d'être absorbées par les vaisseaux lymphatiques et pulmonaires.

(*a*) C'est ainsi que dans l'été de 1831 nous avons observé que dans les grandes perturbations de l'atmosphère qui ont régné depuis le 5 jusqu'au 15 Août, espace de temps dans lequel des trombes d'eau ont ravagé, l'une après l'autre, les vallées de cette partie des Vosges, le gaz était plus abondant, les intermittences moins longues, et lorsque l'effet contraire se manifesta à compter du 16 du même mois, la coloration de l'eau par les réactifs, qui s'était maintenue jusque-là, cessa tout à coup. Nous observâmes aussi, qu'en général, le gaz sortait plus abondamment le matin que l'après-midi.

La hauteur barométrique se soutint assez bien pendant la durée du même mois.

La 1.re moitié à	26 pouces	11	lignes	$\frac{2}{12}$	maximum.
	26	—	6	—	$\frac{8}{12}$	—
La 2.e moitié à	27	—	»	—	$\frac{11}{12}$	—
	26	—	8	—	$\frac{5}{12}$	—

Nous trouvâmes par nos essais que ce gaz n'avait point souffert de l'abaissement de la température de l'eau, qui a été occasioné par le refoulement d'un filet d'eau froide, que les anciens avaient détournés, et par la destruction du banc de ciment qu'ils avaient placé au devant des deux sources.

BAIN DE VAPEURS UTÉRIN.

La source intérieure du petit bain forme un bain de vapeurs que l'on emploie dans quelques maladies de l'utérus.

Quel but se proposait-on en prescrivant son usage. Ce n'était pas le gaz thermal inconnu jusqu'à ces derniers temps, mais simplement la vapeur de l'eau, que l'on indiquait comme moyen de médication. Il est évident que ce n'étaient pas les propriétés du gaz auxquelles on s'attachait; l'on avait tout fait pour ne pas en profiter. L'on ne voyait ici qu'un bain de vapeur, que l'on pouvait aussi commodément prendre partout ailleurs. En effet, c'est ce que l'on a cru, puisqu'au-dessus des étuves du bain neuf, qui déjà ne reçoivent la vapeur que d'une manière oblique, l'on a inventé un siége percé d'un trou circulaire, pour remplacer celui du petit bain dans les momens où il est occupé. L'on croyait enlever quelque chose à la superstition, et celle-ci avait alors ses avantages.

L'on n'a donné que des généralités sur les propriétés de ce bain; l'on n'a point encore défini dans quels cas on devait l'administrer, ni quel est son mode d'action, ni quelles sont ses propriétés; enfin, l'on n'a point encore posé ses indications et ses contre-indications.

La manière d'agir de ce bain, tel qu'on l'administre, ne peut être qu'extrêmement variable, si l'on reste plus ou moins exposé à sa vapeur lorsqu'elle est concentrée. Il doit avoir des propriétés bien différentes en raison de sa durée et de sa concentration; c'est pourquoi il serait à désirer que l'on indiquât la manière dont on doit en faire usage, et qu'on l'appropriât aux indications.

Ses propriétés, dépendent-elles de la vapeur, entraînant avec elle une portion de la matière organique, ou du gaz thermal seul, ou du mélange de ces trois principes, concurremment avec le calorique particulier et les substances salines volatilisées par la vapeur?

Voici le relevé que nous avons fait des degrés de chaleur de ce bain, température qui correspond à la concentration plus ou moins longue de cette vapeur.

D'après nos expériences, la vapeur non concentrée à la superficie de la source intérieure du petit bain est à 22° R. Lorsqu'elle est concentrée, elle donne, après dix ou quinze minutes, 29 à 31°, une demi-heure 33° $\frac{1}{2}$, une heure 35°, une heure et demie 36°, qui est le maximum de sa concentration.

Ainsi la vapeur concentrée ne diffère en température que de 8° de celle de l'eau, qui est à 44°: nous avons obtenu le même résultat sur d'autres sources.

En supposant, d'après cette donnée, le degré de chaleur progressif, ce bain agira suivant le temps qu'on y demeurera exposé, et que la chaleur se concentrera davantage.

Rien ne serait plus facile que d'arranger ce bain de vapeur de manière que la chaleur soit toujours égale et administrée à volonté. D'après la forme de la pierre d'où sort la source intérieure du petit bain, qui est celle dont on se sert le plus communément, on construirait un appareil portatif, percé de soupapes destinées à laisser échapper ou retenir la vapeur suivant qu'on la voudrait plus ou moins concentrée. Le nombre de soupapes ouvertes ou fermées indiquerait le degré de chaleur d'après des expériences thermométriques préalablement faites. En adaptant à cet appareil un tube approprié à l'usage, l'on aurait un bain de gaz thermal simple ou de vapeurs saturées de ce gaz, dont on varierait les proportions à volonté.

Si, dans l'état actuel de la source, l'on a fait servir le bain de vapeurs du petit bain aux affections de l'utérus, nous serait-il permis d'en proposer l'usage pour quelques affections des organes pulmonaires, quand on aura rétabli la source de ce bain dans son état primitif?

Les propriétés de ce bain, les cas dans lesquels on peut l'administrer, les contre-indications, exigent un mémoire particulier.

Vapeurs des eaux de Plombières.

Ces vapeurs entraînent avec elles la substance organique, le calorique la tient en solution. Obtenues en gouttelettes dans une capsule de verre, l'on aperçoit à l'œil nu, au moment où elles se condensent, des corpuscules, quelquefois sous la forme de flocons blancs, qui nagent dans le liquide et qui se précipitent ensuite lorsque l'eau est en repos. L'évaporation donne un précipité évidemment organique, disposé en globules; ces flocons se présentent en quantités assez considérables, et il ne s'agit plus que de déterminer la différence en poids qui existe entre la quantité de matière organique obtenue des vapeurs et celle de l'eau évaporée, en tenant compte de l'état hygrométrique de l'atmosphère avant et pendant l'opération. (*a*)

L'eau obtenue par les vapeurs se colore par le nitrate d'argent, mais d'une manière moins intense que celle qui a été puisée à la source. Ce réactif nous avait déjà démontré précédemment que la vapeur contenait la matière organique; non-seulement elle entraîne ce principe, mais encore de l'alcali. Le papier teint par le tournesol, décoloré par un acide, reprend sa couleur primitive si, après l'avoir préalablement humecté, on l'applique sur ce précipité. L'évaporation naturelle de ces eaux à leurs sources est donc différente de l'évaporation ou distillation faite dans nos laboratoires; le gaz thermal aurait-il alors la propriété de dissoudre ces principes ? Il serait facile d'obtenir de l'eau ainsi condensée pour en faire usage à l'intérieur; mais comment établir un appareil convenable sans la permission et le concours de l'administration?

Il est aussi très-essentiel de remarquer que l'on ordonnait autrefois de fermer les yeux pendant le temps que l'on restait à l'étuve, parce que la vapeur nuisait à la vue ou plutôt qu'elle irritait la conjonctive. L'analyse nous a démontré que la vapeur entraînait avec elle les principes fixes comme les principes volatils de ces eaux, et que cette irritation était due en grande partie aux sels que ces vapeurs contiennent.

Voyez, pour le complément de cet article, ce que nous avons dit sur le bain de vapeurs utérin et les notes correspondantes.

(a) L'oscillaire thermale n'a peut-être pas d'autre origine que la matière organique contenue dans les eaux de Plombières. L'eau provenant des vapeurs renfermées dans des bouteilles de verre blanc, dépose des corpuscules qui, au bout de quelque temps et avec le secours des rayons solaires, prennent une couleur verte, et oscillent sous forme de filamens, qui se réunissent en membranes très-déliées.

Étuves ou bains de vapeurs.

Après avoir démontré que la vertu des eaux de Plombières était différente de celle des bains d'eaux minérales artificielles, une autre question se présente; savoir : si la propriété des étuves de Plombières est différente de celle des étuves domestiques ou bains de vapeurs d'eau commune ou minérale artificielle.

Comme les étuves de Plombières ont beaucoup contribué à la réputation de ses eaux thermales, on ne pourra disconvenir, d'après ce qui précède, qu'elles participent de propriétés particulières : le calorique des eaux qui échauffent ces étuves, doit opérer une action différente du calorique des étuves domestiques, et la vapeur qui retient une partie de ce calorique ne doit pas être considérée comme une vapeur d'eau s'implement chaude.

La vapeur de l'eau de Plombières entraînant avec elle les élémens alcalins et organiques, ainsi que les gaz, les étuves de l'établissement diffèrent des bains de vapeurs artificiels.

Quoique l'utilité des étuves soit évidente, celles de Plombières sont encore loin d'avoir acquis le degré de perfection qu'on pourrait leur donner. Les étuves des anciens, si nombreuses, ont fait place à d'autres constructions. L'on n'a point jugé à propos de construire des étuves sèches, si préconisées aujourd'hui dans quelques affections, ainsi que des calorifères destinés à chauffer le linge servant aux baigneurs, qu'il eût été facile d'obtenir par le calorique des eaux, qui se perd en grande partie pour les étuves humides. Ce dernier procédé eût évité plus d'un abus et de graves inconvéniens.

Matière organique contenue dans les eaux de Plombières.

La matière animale trouvée dans les eaux de Plombières, unie à l'alcali qu'elles contiennent, n'exerce pas moins aujourd'hui l'imagination des chimistes, que la cause de leur chaleur. Rejetant toute idée de restes d'animaux enfouis et existans encore depuis des siècles dans l'intérieur de la terre [1], pourrait-on hasarder une opinion fondée sur la connaissance des principes constituans de cette matière? La gélatine contient le carbone, l'hydrogène, l'azote et l'oxigène. Il est vrai, qu'avec ces substances nous ne ferions pas synthétiquement de la gélatine; mais n'en est-il pas de même de certains corps minéralogiques dont nous connais-

---

1 Voyez l'analyse des eaux de Plombières, par VAUQUELIN.

sons très-bien les élémens, et que nous ne pouvons reformer après les avoir décomposés? Reste à savoir si la nature, pour produire la gélatine dans cette circonstance, ne peut employer ces principes, comme dans les animaux, par des moyens qui nous sont inconnus[1]?

Plusieurs chimistes se sont occupés à résoudre ce problême.

DOEBEREINER avait reconnu qu'en faisant passer à travers un tube de fer des vapeurs aqueuses sur des charbons ardens, il se formait, outre de l'acide carbonique, le gaz oxide de carbone et l'hydrogène carburé, une substance gélatineuse en si grande quantité, que le conduit du gaz en fut plus d'une fois obstrué.

Cette substance, qu'il qualifie de gélatineuse, est soluble à l'eau, qui prend un goût très-prononcé de graisse ou de bouillon faible non salé; étendue sur un papier brouillard, elle se décompose en eau et en une matière ayant de grands rapports avec le suif. (Biblioth. univ., t. IX.)

M. BÉRARD était également parvenu à fabriquer, artificiellement, un composé analogue à la graisse, en faisant passer à travers un tube de porcelaine rougi, un mélange de gaz acide carbonique, de gaz hydrogène percarburé et de gaz hydrogène simple. La matière obtenue était en petits cristaux blancs, nacrés, brillans, gras au toucher, surnageant l'eau, fusibles par la chaleur, solubles par l'alcool. (Voy. Essai sur l'analyse des substances animales, p. 21.)

M. GIMBERNAT a vérifié à la Solfatare de Pouzzole, ainsi qu'au Vésuve, que les vapeurs qui se dégagent de leurs cratères sont formées, en très-grande partie par l'eau vaporisée, mêlée à une substance analogue

---

1 Première édition, ann. 1813.

à la matière animale; et il a reconnu que cette substance devait être assimilée à celle que VAUQUELIN avait découverte dans les eaux de Plombières, et que lui-même avait signalée dans les eaux thermales de Baden et d'Ischia. (Biblioth. univ., t. XI, p. 150. Journ. univ. des sciences médicales, Oct. 1819, p. 110.)

Ce chimiste est parvenu à obtenir de l'eau en condensant les vapeurs volcaniques du Vésuve; il s'est assuré que cette eau ne retenait ni acide sulfureux, ni sels, ni aucun principe minéral, et avait décidément le goût du bouillon.

Nous employons de préférence l'expression générale de matière organique à celle de matière animale et gélatineuse. Si elle a des rapports avec la gélatine, est-on bien sûr qu'elle est parfaitement identique avec cette substance?

La saveur amère et lixivielle, nous dirons même ammoniacale, que ces eaux prennent quelquefois, circonstance déjà remarquée par le docteur LEMAIRE, annonce la présence d'un principe fugace contenant les élémens de la matière organique: la saveur de l'eau puisée à la source se perd, si le vase est transporté à découvert à quelque distance. La combinaison de l'azote et de l'hydrogène peut occasioner la saveur ammoniacale qui, à la vérité, est très-faible et se dissipe avec la plus grande promptitude. (Voy. Variations dans les principes, etc.)

L'inconstance de ce phénomène donne à penser que la coloration opérée par le nitrate d'argent, doit varier en intensité; et, par conséquent, elle prouve qu'il y a variation dans la présence plus ou moins considérable de la matière organique ou des élémens qui donnent lieu à sa formation.

Mais si l'hydrogène est contenu dans les eaux de

Plombières, ainsi que l'azote, pourquoi ne se retrouve-t-il pas avec l'azote dans nos expériences. Jusqu'à présent il nous serait difficile de pouvoir en rendre raison, lorsque toutes nos théories viennent s'anéantir dans le gouffre inexplicable de la cause du principe minéralisateur.

Cette substance, que NICOLAS et VAUQUELIN ont les premiers découverte dans les eaux de Plombières, que M. GIMBERNAT a le premier reconnue dans les vapeurs du Vésuve et dans les eaux d'Aix, ne nous a pas paru identique dans toutes les eaux où on l'a observée.

L'on a tâché d'expliquer la formation de la gélatine par la réunion des gaz; concours bien favorable sans doute à cette formation, si toutefois elle a lieu ainsi que nous le supposons; mais l'on n'a pas dit quelle était la cause de leur production.

Nous remarquerons que si l'azote se trouve en plus pour s'exhaler à l'extérieur, l'hydrogène ne se présente pas à nous dans les mêmes circonstances.

Ne pourrait-on pas dire, au contraire, que c'est par la décomposition de la gélatine que le gaz azote se forme, que l'hydrogène avec l'oxigène produit de l'eau, et que le gaz acide carbonique, se réunissant aux alcalis, donne lieu au carbonate de soude et au carbonate calcaire.

L'hydrochlorate d'ammoniaque une fois reconnu dans la gélatine[1], il est facile d'admettre que l'ammoniaque se décompose lorsqu'elle est en contact avec le foyer incandescent. L'azote de l'ammoniaque rendu libre, l'hydrogène de cette base ira se réunir à l'oxigène de la substance organique pour former de l'eau.

---

1 Voyez Nouv. Syst. de chim. organ., par le doct. RASPAIL.

Quant à l'acide du sel ammoniacal, s'il est inaltérable par le feu, il se reportera sur les bases alcalines, et formera de l'hydrochlorate de soude et de l'hydrochlorate de chaux.

Produits apparens des eaux thermales.

Les produits apparens des eaux minérales et thermales de Plombières sont :

1.° Une concrétion blanche, adhérente aux tubes des fontaines; 2.° une terre limoneuse entraînée par quelques sources; 3.° une matière organique qui s'épanche sur la roche granitique d'où sortent les eaux thermales; 4.° une matière organique qui se dépose au fond du bassin de la fontaine ferrugineuse; 5.° l'oscillaire qui revêt le fond du grand bain et qui vient nager à sa surface.

Les eaux de Plombières ne forment aucun dépôt dans les réservoirs où elles séjournent, mais elles produisent à l'insertion des goulots de fer et de cuivre, et parfois autour des tuyaux de plomb qui leur servent de conduite, et qui sont enfouis sous le sol, une concrétion saline très-adhérente d'un blanc grisâtre.

Selon leur degré de température, les eaux thermales agissent d'une manière assez prompte sur la surface interne des tuyaux de plomb. Quoique d'une épaisseur convenable, ils sont bientôt corrodés par l'eau qui les traverse, et on les trouve recouverts à l'extérieur d'un enduit concret d'un sel insoluble, en partie composé de silice, de carbonate et de sulfate de chaux.

Quelques sources entraînent avec elles une terre limoneuse de couleur noirâtre ou brune, onctueuse au toucher, happant à la langue lorsqu'elle est sèche, se fondant au feu de forge en un verre rempli de bouillons.

Les filets d'eau thermale qui découlent sur la roche granitique, déposent, lorsque les circonstances sont disposées favorablement, une substance blanche, glaireuse, qui a l'aspect et l'onctuosité du blanc d'œuf. Ce phénomène est bien plus apparent sur les parties du rocher qui sont fortement colorées.

L'identité de la matière organique qui se dépose au fond du bassin de la source ferrugineuse avec celle des eaux thermales, n'est point encore constatée.

La description de l'oscillaire des eaux thermales de Plombières et de ses propriétés physiques et chimiques, formerait une notice trop considérable pour être insérée dans le cadre que nous avons tracé. Nous renvoyons aux savans traités qui ont été publiés sur cette singulière production.

Nous ajouterons seulement à l'article où nous en avons fait mention, qu'après avoir été retirée de l'eau, l'on aperçoit assez souvent sur la conferve des animalcules plus ou moins apparens, sous forme de petits vers à anneaux ronds, très-diaphanes, dont les plus gros ont jusqu'à 5 à 6 lignes de long sur 1 ligne de diamètre environ, d'apparence albumineuse, se dissolvant aussitôt qu'on les sépare de la conferve. Ces animalcules, qui ne donnent aucun signe de vie, ne sont probablement que des larves d'insectes.

Les eaux de Luxeuil n'étant pas à découvert, l'on ne remarque pas d'oscillaire dans les bassins; seulement la fontaine du nom d'Hygie, à 25° de température, produit dans la cuvette et autour des parois une espèce d'algue, dont l'analyse offre, à peu de chose près, les mêmes résultats.

Mais on observe dans les bassins une autre substance qui, pour n'être pas douée de propriétés végétatives, n'en est pas moins singulière.

Personne avant moi ne s'était avisé d'examiner attentivement le dépôt ferrugineux qui revêt les bassins des eaux de Luxeuil. Après avoir ramassé ce dépôt avec toutes les précautions convenables, je l'adressai à M. Braconnot, qui en fit l'analyse. Elle se trouve insérée en entier dans le t. 18 des Annales de chimie et de phys., ann. 1821, et dans plusieurs traités sur les eaux de Luxeuil. Nous en donnons le résultat.

C'est probablement cette incrustation qui en avait imposé aux anciens auteurs, et qui avait fait présumer que ces eaux contenaient du fer; qu'elles traversaient des mines de ce métal, en étaient saturées et le déposaient sur les parois des bassins.

Effectivement, les eaux thermales de Luxeuil sont entourées d'une mine de fer, mais n'en contiennent pas à l'analyse. Construisant en 1832 un récipient destiné à recevoir le trop plein des eaux de la fontaine qui porte le nom d'Hygie, l'on mit à découvert, au milieu d'un banc de grès, une mine de fer, qui se présentait sous différens aspects. J'offris quelques échantillons à M. Braconnot, qui m'envoya une analyse très-détaillée, que je regrette de ne pouvoir insérer ici en entier.

ANNÉE 1821.		ANNÉE 1833.	
Sédiment des bassins des bains de Luxeuil.		*Mine de fer de la cour des bains de Luxeuil au N.-E.*	
	gr.	Eau	10,00
Sable quartzeux	1,00	Silice	14,22
Baryte	0,09	Baryte (des traces)	0,01
Oxide de fer	0,13	Peroxide de fer	69,44
Peroxide de manganèse	0,70	Peroxide de manganèse	5,33
Ulmine	0,08	Phosphate d'alumine	1,00
	2,00		100,00

Afin de présenter la différence qui se trouvait dans les principes des eaux de Plombières, de Bains et de Luxeuil, je priai le professeur VAUQUELIN d'en faire l'analyse. En 1819 je fis transporter à Paris une caisse d'eaux de Luxeuil avec la notice de toutes les analyses qui avaient été faites jusqu'à cette époque. Ce célèbre chimiste ne cite que celle du pharmacien PIERSON, faite en l'an 8 (1800), parce que les résultats sont à peu près semblables à ceux qu'il a obtenus[1]. Cette analyse se trouve dans plusieurs traités, publiés sur les eaux de Luxeuil, et dans le Journ. univers. des sciences médicales, Sept. 1819.

---

1. Pierson, pharmacien à Épinal, se trouvant à Luxeuil en l'an VIII, fit une analyse de ces eaux thermales, calquée sur celle que NICOLAS avait faite en 1778 sur les eaux de la ville de *Bains*. Voyez Dissertat. chim., page 85 — 96.

TABLEAU COMPARATIF

Des substances salines et organiques contenues dans les eaux thermo-minérales

DE PLOMBIÈRES, DE BAINS, DE LUXEUIL,

d'après les analyses de VAUQUELIN.

LES RÉSIDUS A L'ÉTAT SEC; LES SELS SUPPOSÉS A L'ÉTAT DE CRISTALLISATION.

Eaux de Plombières 1803. — Température : 50° à 52° R.		Eaux de Bains, 1808. — Température : 40° à 42° R.		Eau de Luxeuil, 1819. — Température : 42° à 44° R.	
Muriate de soude............	0,092	Muriate de soude............	0,09	Muriate de soude, mêlé d'un peu de sulfate.	0,990
Sulfate de soude............	0,123	Sulfate de soude............	0,28		
Carbonate de soude............	0,115	....		Carbonate de soude............	0,030
Carbonate de chaux............	0,026	Carbonate de chaux............	0,08	Carbonate de chaux, mêlé d'un atome de magnésie. ..	0,090
....		Magnésie et silice. } Traces inappréciables.			
Silice............	0,070			Silice............	0,060
....		Sulfate de chaux............	0,08	....	
Matière animale............	0,057	....		Matière bitumineuse végétale, quantité indéterminée.	
	0,483		0,53		1,170
Résidu à l'état sec............	0,349	Résidu à l'état sec.	0,35	Résidu à l'état sec............	1,084

Expériences sur le calorique des eaux thermales.

C'est en vain que NICOLAS, en 1777, réfute l'opinion accréditée à Plombières : 1.° que les eaux chaudes de cet établissement ne se refroidissaient que très-difficilement et dans un laps de temps plus considérable que l'eau commune, échauffée au même degré.

2.° Que ces mêmes eaux, exposées au feu, n'entraient pas en ébullition plus tôt que l'eau commune soumise au même degré de chaleur.

De concert avec M. GENDRIN, membre de l'académie de médecine, qui était à Plombières au mois d'Août 1825, nous avons répété et surajouté à ces expériences : comme elles sont rapportées dans plusieurs ouvrages, nous n'en donnerons que le résultat.

1.° L'eau commune chauffée artificiellement, élevée à la température de l'eau thermo-minérale, il n'y a pas de différence sensible entre les progrès du refroidissement de l'eau thermo-minérale et ceux de l'eau chauffée; d'où l'on peut conclure que l'eau thermo-minérale perd son calorique tout comme l'eau chauffée et dans le même espace de temps.

2.° L'eau commune élevée à la température de l'eau thermo-minérale, la progression de l'accroissement de la chaleur est la même pour l'eau thermale que pour l'eau ordinaire dans les mêmes circonstances.

Nous n'aurions pas engagé cette discussion, si tout récemment encore on n'eût assuré, sans plus de détails, que des expériences nombreuses ont prouvé que l'eau thermale mettait plus de temps à bouillir que l'eau commune.

Les connaissances physiques prouvent que les eaux

salines ont plus de densité, et que, par conséquent, elles doivent être plus de temps à bouillir, et conservent plus long-temps leur température. Celles de Plombières sont trop peu chargées de principes salins pour que ceux-ci influent sur la progression de la chaleur.

Les vases dont on se sert pour contenir l'eau thermale, occasionnent aussi une grande différence dans la conservation du calorique. Que l'on échauffe de l'eau commune au même degré que l'eau thermo-minérale, que l'on mette l'une dans un vase en bois et l'autre dans un vase d'airain, la première conservera son calorique beaucoup plus long-temps.

L'eau thermo-minérale, contenue dans les baignoires en cuivre-rosette étamé, dont on se sert actuellement à Plombières, perd son calorique deux à trois fois plus vite que celle contenue dans les baignoires en bois; donc, ces baignoires de métal occasionnent une dépense d'eau minérale deux à trois fois plus considérable.

Propriétés médicinales.

Quelles sont les vertus des eaux de Plombières? Dépendent-elles des substances qu'elles contiennent, ou de leur température?

Nous avons déjà en partie répondu à la première question, en exposant notre opinion sur leur chaleur. Dans la seconde hypothèse on pourrait donner en tous lieux et fort aisément à de l'eau très-limpide, comme celle de Plombières, le même degré de chaleur, et y faire dissoudre artificiellement leurs principes chimiques. Mais après avoir pris toutes les précautions convenables dans quelques établissemens, on a reconnu que l'on ne pouvait obtenir les mêmes effets de ces eaux que des naturelles, et même qu'on ne les obtient de celles-ci qu'à la source même. Il faut avouer que le degré de chaleur, toujours constant, doit être compté pour beaucoup dans leur administration.

Nous croyons donc que le grand nombre de cures que les médecins ont recueillies, n'est plus un problême, et qu'on peut expliquer la manière dont les eaux agissent dans tous les cas, par le calorique, par les principes chimiques, et par le principe calorifiant ou minéralisateur.

Nous avons distingué les qualités des eaux de Plombières en trois sections : 1.° d'après leurs propriétés, 2.° d'après leur action; 3.° d'après leurs effets.

La première se divise en propriétés physiques, chimiques et médicinales.

Les propriétés physiques dépendent de la pesanteur, de la transparence, de la saveur, de la température, de l'onctuosité, etc.

Les propriétés chimiques appartiennent aux fluides élastiques, aux sels, à la substance organique, sous les rapports de leurs combinaisons, de leur dissolubilité, etc.

Les propriétés médicinales dérivent des deux premières, c'est-à-dire de leur action.

On peut définir l'action, la manière dont une cause agit. C'est ce que l'on nomme aujourd'hui *mode d'action.* [1]

Deux divisions : actions physiques et chimiques.

---

1 Le mode d'action d'un médicament est la manière dont il agit sur l'organisme, les changemens que celui-ci éprouve par suite de l'application de ce même médicament.

1.° *Actions physiques*, considérées sous le rapport de la pesanteur et de la température de l'eau, etc.

2.° *Actions chimiques :* celles des gaz, des sels, du calorique particulier, d'où résultent les effets.

Les *effets* dépendent de l'action que les eaux produisent sur l'organisme. Ainsi se rapporte aux effets, l'action du calorique et des principes chimiques, d'où résultent les propriétés médicinales. Les effets sont relatifs à la méthode et à la manière dont on emploie les eaux. Ainsi il faut décrire les effets des bains d'immersion, de vapeurs, de percussion, selon les diverses méthodes; les effets résultant de l'eau prise à l'intérieur, comme l'ingestion dans l'estomac, les douches vaginales et intestinales.

Afin d'éviter toute répétition, nous renvoyons pour les descriptions aux ouvrages qui en ont traité en général.

L'étude approfondie de tous ces effets sur l'organisme est une de premières conditions à suivre dans l'emploi des eaux minérales. La méthode d'étudier ces effets, est de les observer attentivement, non-seulement chez le malade, mais encore chez l'homme en santé.

Par leur action propre, elles produisent chez l'homme sain des phénomènes que nous nous abstiendrons de rapporter, parce qu'ils sont décrits dans quelques ouvrages. [1]

Il faut rechercher si ces effets appartiennent en entier à l'action directe de ces eaux, ou s'ils ne sont pas causés par une réaction de l'organisme.

Quant aux propriétés physiques, celles-ci sont évidentes dans les eaux de Plombières. Il n'est pas prouvé

---

1 Notamment dans l'ouvrage du docteur Martinet.

que nous connaissions entièrement leurs propriétés chimiques et médicinales.

L'action physique est en quelque sorte démontrée, mais il n'en est pas ainsi de l'action chimique. Ainsi nous dirons que nous ne croyons pas possible d'admettre un mode d'action général, et que l'on ne peut pas réduire ce mode d'action en un seul aphorisme.

Quant aux effets, l'on a décrit avec beaucoup de soin ceux qui provenaient de l'action de l'eau, de son calorique; mais l'on n'est pas aussi avancé sur les effets provenant des principes chimiques, puisqu'on doit croire qu'ils ne sont pas tous entièrement connus. Beaucoup de médecins se sont contentés d'étudier leurs propriétés médicinales, sans chercher à connaître ce que l'on nomme aujourd'hui leur mode d'action, que l'on est loin d'avoir expliqué, au moins d'une manière satisfaisante, mais, souvent, d'une manière très-hypothétique.

1.° Ces eaux contiennent plus ou moins de calorique libre ou thermométrique, qui est excitant. Il a pour effet d'augmenter le calorique sécrété par nos organes; il produit une action secondaire en les stimulant, et donne lieu à une sécrétion de sueur plus abondante, qui deviendrait débilitante, comme cela a lieu dans les bains domestiques, si les autres principes que ces eaux contiennent n'agissaient pas comme auxiliaires stimulans, d'autant plus qu'on modifie le degré de chaleur et leur force tonique suivant les indications. [1]

---

1 Rien de plus facile à Plombières que de donner à un bain le même degré de chaleur ou de le varier. Celle de chaque source étant connue, le mélange peut se faire en laissant couler ensemble deux quantités données d'eaux différentes en température, pour avoir

Ainsi nous rapporterons à cette série leur action révulsive en diminuant l'éréthisme de la peau et en favorisant l'action des vaisseaux exhalans (propriété diaphorétique, sudorifique).

2.° Les sels contenus dans ces eaux sont en trop petite quantité pour opérer les effets que nous leur voyons produire tous les jours, lorsqu'on les administre en grande dose; mais ils s'y trouvent dans un état suffisant pour n'agir qu'avec des effets modifiés, selon cette quantité relative.

Le procédé par lequel ces substances arrivent au jour, développe en elles des propriétés qu'elles n'ont pas à l'état dans lequel nous les obtenons dans nos laboratoires de chimie; car plusieurs de ces substances ont été considérées, jusqu'à présent, comme inertes. Dès-lors il faut admettre qu'elles participent de propriétés différentes ou nouvelles, en raison de leur extrême divisibilité et du froissement électro-galvanique qu'elles subissent dans leur trajet.

Ces eaux contiennent des alcalis à l'état pur ou neutralisés, dans une quantité suffisante pour remplacer, sans jeter aucun trouble dans les fonctions, ceux qui pourraient être extraits du sang dans quelques affections morbides.

3.° Leur vertu tonique, stimulante, non débilitante secondairement, est un effet de l'action de l'eau thermale, des sels alcalins et du fluide minéralisateur. Elles

---

un bain gradué ou des douches d'une température toujours constante et à volonté.

On boit de l'eau thermale suivant les indications, sans aller au bain, ou avant que d'y entrer, ou on se la fait apporter au bain dans des vases; elle perd, par le transport, une partie de sa vertu. Si l'on voulait prévenir cet inconvénient, il faudrait avoir une fontaine d'eau potable à sa disposition dans le bain.

ont une action sur les propriétés vitales du système des voies digestives, et sont propres à rétablir les facultés digestives, languissantes de l'estomac, et à corriger l'acescence qui se développe dans cet organe. Aussi ont-elles été considérées comme stomachiques, toniques, anti-acides, etc.

On trouve dans les auteurs un grand nombre d'observations qui résultent de cette médication stimulante, lorsqu'il est nécessaire de donner un surcroît d'action vitale aux viscères.

4.° L'on a observé que dans bien des cas, tels que d'hépatite, de gastrite chronique, elles agissent efficacement, malgré leur action stimulante. Il faut donc admettre qu'elles changent le mode de vitalité de nos organes, soit en opérant une révulsion, soit en procurant une irradiation sur tout l'organisme du principe inflammatoire fixé sur les parties qui étaient le siége de la maladie.

Dans les inflammations aiguës et dans la deuxième période qui suit ces inflammations, on ne doit pas faire usage des eaux de Plombières; mais on sait que dans les phlegmasies à l'état chronique on en obtient souvent un résultat satisfaisant, si l'on fait concourir en même temps l'emploi des antiphlogistiques, comme on a coutume de le faire lorsque l'indication se présente. Attendu leur action sur le système des muqueuses, les eaux thermo-minérales, prises en boisson, font cesser la soif qui provient d'une irritation permanente et chronique du tube alimentaire, et celle qui accompagne les fièvres intermittentes. Non-seulement elles conviennent dans cette dernière affection d'après leur action sur les muqueuses, mais encore d'après leur action sur les propriétés vitales du système cutané. Non-obstant les sueurs abondantes qu'elles procurent, elles agissent aussi d'après leurs principes chimiques pondérables, comme eau gélatineuse contenant de l'alcali libre, des muriates et carbonates de soude; anihilant la réaction acide qui s'opère dans la circulation.

5.° Elles ont une action sur les propriétés vitales des voies urinaires, du mésentère, du foie, de la rate, et comme cette action était en partie attribuée aux carbonates et hydrochlorates alcalins, leurs propriétés furent aussi désignées sous les noms d'apéritives, fondantes, incisives, désobstruantes, etc.

Leur vertu lithontriptique bien constatée, tient probablement à la portion d'alcali libre, la soude, si les calculs sont formés d'urate de chaux ou d'ammoniaque. On n'a point examiné, jusqu'à présent, les graviers ou petits calculs rendus après leur usage. Elles sont fort utiles dans les cas où les graviers, séjournant dans les uretères, occasionnent des coliques néphrétiques. Elles divisent l'urine qui s'épaissit dans la vessie, et qui manifeste une tendance à la formation des calculs: or, si elles ne dissolvent point les gros calculs, elles peuvent être regardées comme prophylactiques de cette affection.

6.° La propriété qu'elles ont de donner de la souplesse à la peau et de guérir les maladies qui l'affectent, doit être attribuée en partie à l'état savonneux, onctueux, qu'elles possèdent par la combinaison de l'alcali à la substance organique et au calorique libre. Ainsi elles sont antipsoriques, herpétiques, etc.

7.° L'expérience a appris que ces eaux conviennent dans les adynamies chroniques, dans l'asthénie des systèmes nerveux, sanguin, cellulaire, et dans certaines lésions des propriétés chimiques de nos humeurs.

Leur effet excitant, en vertu du calorique particulier, mais principalement en raison du fluide galvanique ou électricité animale que nous prétendons qu'elles contiennent, les rend utiles dans les névroses asthéniques, ou maladies qui dépendent de faiblesse de nerfs, ayant surtout une cause humorale. Elles sont contre-indiquées dans les irritations nerveuses.

Les eaux savonneuses sont considérées comme ayant une action sur les propriétés vitales des voies urinaires, du foie, de la rate et de la circulation du sang dans les poumons. Ordinairement substituées à l'eau thermale dans les cas où celle-ci est trop stimulante, on les boit à la source, alternativement avec l'eau thermale, ou dans le bain.

Les eaux ferrugineuses ont une action sur les propriétés vitales des voies urinaires, de l'estomac et de la circulation du sang dans les organes utérins; lithontriptiques, toniques, emménagogues, etc., elles sont souvent employées dans les maladies des femmes dont nous avons fait le dénombrement.

D'après leur mode d'action le plus généralement reçu, l'on peut ranger les eaux thermales de Plombières dans la classe des médicamens stimulans, qui deviennent aussi irritans ou excitans, selon la méthode dont on en fait usage.

De quelque manière que ces eaux agissent, il n'en est pas moins vrai que, toute hypothèse quelconque à part, une expérience consommée des médecins qui les employèrent a prouvé qu'elles étaient convenables dans un grand nombre d'affections, notées avec soin depuis des siècles, et indiquées dans les ouvrages qui ont été publiés.

Des bains composés.

On désigne ainsi des bains dans lesquels on fait entrer des substances médicinales, soit pour imiter les eaux minérales différentes de celles de Plombières, soit pour augmenter les propriétés de celles-ci.

Il est probable qu'en raison du calorique particulier des eaux thermo-minérales, les bains composés dont on use à Plombières doivent se rapprocher, par leurs propriétés, des eaux que l'on veut imiter, quoique nous soyons persuadé que cette imitation n'est toujours qu'imparfaite. Néanmoins, cette méthode doit être préférable à celle que l'on emploie dans les établissemens d'eaux minérales artificielles.

C'est ainsi que progressivement nous avons augmenté dans les eaux de Plombières administrées sous forme de bains, les doses de sulfate, de carbonate, d'hydrochlorate de soude et de gélatine. Nous avons varié ces substances et le mode de médication.

Nous avons employé avec succès l'hydrosulfure de soude, combiné avec la gélatine, dans quelques affections rebelles cutanées : mes observations datent de l'année 1813.

Maladies chroniques pour lesquelles les eaux de Plombières peuvent être le plus généralement employées.

Maladies du système sanguin.

Hémanoses veineuses. — Nous considérons ces eaux comme salutaires à la suite de quelques adynamies parenchymateuses chroniques, telles que l'hépatite, la splénite, la néphrite.[1]

---

1 Voyez cette note et les suivantes à la fin de l'ouvrage.

Certaines adynamies muqueuses ou catarrhales, telles que les catarrhes auriculaire, adynamique, — nasal, — gastrique, — intestinal, la diarrhée, — utéro-vaginal, — de l'urètre, — vésical adynamique; rétropulsion d'une affection rhumatismale, goutteuse, herpétique sur la vessie; incontinence d'urine par suite de paralysie de cet organe. — Elles sont lithontriptiques. Un grand nombre d'observations prouvent leur efficacité contre les calculs rénaux, vésicaux. La boisson de ces eaux en grande dose est reconnue pour un excellent vermifuge, même contre le ténia.

Adynamie bilieuse. — Ictère.

Adynamies fibreuses ou articulaires. Rhumatismes; rhumatismes simple, arthritique; — goutte atonique[2]. Bains, douches, étuves, d'une température progressive. En boisson, elles agissent comme sudorifiques et diaphorétiques. — Adynamie particulière des viscères digestifs, telle que les fièvres intermittentes rebelles.[3]

Obstructions. — Ces eaux sont du plus grand secours dans les empâtemens ou engorgemens des viscères, comme du foie, du mésentère, du pancréas et de la rate, quand il est nécessaire d'employer des moyens stimulans et toniques.

Affections hémorrhoïdales. — Parmi les varices internes, les hémorrhoïdes passives; celles qui dépendent des engorgemens des viscères. On emploie ces eaux en bains, douches et étuves.

Maladies des femmes dépendant de la menstruation.

Aménie; privation de la menstruation rouge, ou aménie asthénique et spasmodique, causée par engorgemens des viscères du bas-ventre : on se sert de bains, de douches, d'étuves et de l'eau minérale ferrugineuse.

Dysménie; difficulté de la menstruation rouge; dysménie asthénique.

Ménostasie; suppression des règles; stase. On use de bains, douches, étuves; eaux ferrugineuses en boisson.

Xénoménie. Écoulement menstruel dans une partie autre que l'utérus, par cause d'atonie, ou xénoménie atonique. — Xénoménie causée par rétrocession de maladies cutanées, par engorgemens des viscères abdominaux.

Ménorrhée et leucorrhée adynamiques, tenant à une débilité générale ou seulement locale. — Bains tempérés plus ou moins chauds; douches sur tout le corps, ascendantes, utérines; étuves. Eau thermale et eau ferrugineuse en boisson ou en injections.

Aménorrhée et dysménorrhée. Même traitement que pour l'aménie et la dysménie.

Maladies des femmes dépendant de la lactation.

Métastase laiteuse sans inflammation, provenant de la sécrétion du lait interrompue subitement. Déviation. — Boisson, bains, douches, principalement les étuves.

Cessation du flux menstruel.

Age de retour. Conseillées pour en prévenir les accidens; usage varié suivant les tempéramens et la disposition du corps, en bains et douches.

Maladies du système nerveux.

Dans les névroses asthéniques, certaines anesthésies musculaires, telles que convulsions, tremblement musculaire, paralysies musculaires. — Celles qui sont occasionées par la répercussion d'une humeur goutteuse, psorique, herpétique, etc., étuves et bains tempérés.

Anesthésie des sens. Surdité dépendant du défaut de transpiration, d'humeur répercutée.

Paralysie par atonie. Elles agissent par leurs qualités salines, thermales et galvaniques. Bains de température progressive, suivant l'âge, le tempérament, etc.

Anesthésie laryngo-pulmonaire. — Aphonie.

Anesthésies digestives. Affections chroniques de l'estomac. — Crampes; vomissement atonique; anorexie; gastrodynie; perversion dans la digestion qui dépend d'un embarras dans les canaux cystique et pancréatique. — Affections chroniques du pilore.[4]

Anesthésie génitale. — Anaphrodisie.[5]

Maladies du système lymphatique.

Ces eaux peuvent convenir dans les hydropisies cellulaires commençantes, occasionées par l'atonie des vaisseaux exhalans.

Maladies cutanées. — Parmi les lésions de la peau: — les lésions de l'épiderme, du derme; — lèpre, gale, dartre; — les lésions des organes pileux, telles que la teigne.[6]

Appareil glandulaire: — écrouelles[7]; carreau; cancer commençant.

Appareil osseux: — rachitis.

Affections des membres.

Contractions involontaires et spasmodiques des tendons et de la fibre musculaire. Crampes des extrémités inférieures[8]. Étuves.

Suites d'entorses, de luxations, de fractures. Douches, bains d'immersion.

Lésions chirurgicales.

Selon les anciens auteurs, elles conviennent dans les plaies (atoniques) : elles dissipent les vieilles tumeurs; détergent les chancres, les ulcères rebelles et phagédéniques; guérissent l'éléphantiasis récent et autres vices de la peau.

Note 1. Hémanoses veineuses. — Les eaux de Plombières conviennent dans tous les cas produits par un obstacle à la circulation, considéré comme la cause d'une augmentation du volume du foie et de la rate, c'est-à-dire, la stase du sang dans le système veineux.

Note 2. Goutte atonique. — Il faut être de la plus grande réserve dans l'emploi de ces eaux pour cette maladie et se mettre en garde contre le transport de l'humeur goutteuse sur les viscères. Le transport de la goutte atonique sur une autre partie que celle où elle est fixée, présente souvent tous les phénomènes de la goutte hypertonique.

Note 3. Fièvres intermittentes. — Ces eaux, prises en boisson, sont usitées contre les fièvres intermittentes rebelles; mais on a observé depuis long-temps que dans ces maladies l'usage des bains était pernicieux; nonobstant ils ont réussi dans quelques cas où ces eaux, prises en boisson, et les moyens pharmaceutiques, avaient échoué.

Note 4. Affections chroniques du pylore. — Outre leurs propriétés particulières détaillées dans le cours de cette Dissertation, les eaux de Plombières conviennent pour les affections organiques et chroniques du pylore, probablement en raison des hydrochlorate et carbonate de soude qu'elles contiennent.

Note 5. Anaphrodisie. — Ces eaux hâtent et favorisent singulièrement le développement de la puberté. L'action stimulante qu'elles exercent sur le système sexuel se manifeste non-seulement à cette époque, mais aussi sur les individus d'un âge plus avancé, et quoique la vertu qu'on leur accorde dans certains cas de stérilité ou d'impuissance, ait porté quelques esprits à voir ailleurs la cause des effets qu'on leur attribuait, il n'en est pas moins vrai que les femmes stériles et les hommes impuissans qui se rendent à ces eaux, y trouvent souvent le rétablissement qu'ils y cherchent.

Note 6. Maladies cutanées. — Les cures nombreuses et intéressantes des maladies de la peau, opérées par les eaux de Plombières, telles que diverses espèces de dartres, gale, etc., ont généralement fait croire aux anciens auteurs qui en ont parlé, qu'elles contenaient du soufre. Aujourd'hui on voit une autre erreur dans les ouvrages modernes, dont les auteurs doutent à tort de leur efficacité dans les maladies de la peau.

Elles modèrent les sueurs excessives qui proviennent d'un état de relâchement de cet organe, et par conséquent l'odeur fétide qui s'exhale chez quelques personnes de certaines parties du corps; odeur produite par ces transpirations considérables et habituelles.

Note 7. Perversion dans la sécrétion de la lymphe. — Scrofules.

L'on doit faire usage de ces eaux en boisson : prises en bains, elles déterminent parfois une révulsion sur la surface de la peau, d'où résultent des furoncles, qui se changent en plaies très-rebelles; d'autres fois encore une révulsion sur quelques organes, tels que les testicules chez les hommes, les mamelles chez les femmes; mais ces eaux peuvent modifier ou empêcher la diathèse scrofuleuse.

Les étuves et les douches dissipent souvent les tumeurs externes, molles et œdémateuses, ainsi que d'autres, quoique plus dures, lorsquelles sont produites par une lymphe stagnante. Quant à quelques autres tumeurs, et surtout aux tumeurs scrofuleuses, ces secours sont inutiles ou aigrissent le mal et amènent après eux la suppuration, d'où résultent de honteuses cicatrices ou un écoulement continuel d'une humeur dégoûtante.

Note 8. Crampes. — Les eaux de Plombières, prises en bains et en douches, ont augmenté celles des extrémités inférieures. Les étuves ou bains de vapeurs des mêmes eaux ont guéri cette affection portée au plus haut degré.

Il est presque inutile de rappeler que dans l'usage de ces eaux on doit faire attention, dans les maladies que l'on a à traiter, aux causes pathogéniques qui les ont déterminées, et qu'il est souvent nécessaire de revenir aux antiphlogistiques et d'employer, comme auxiliaires, des moyens pharmaceutiques, tels que les absorbans, les laxatifs, les émétiques, etc., et de faire précéder et terminer l'usage de ces eaux par les cathartiques, dont on ne doit pas négliger l'emploi même pendant leur administration, lorsque les circonstances l'exigent.

Quant à la manière de prendre ces eaux, soit en bains, boisson ou en douches, et à celle de se conduire pendant leur usage, on trouve tous les conseils qu'un médecin peut donner, dans les ouvrages qui ont paru.

FIN.

www.ingramcontent.com/pod-product-compliance
Ingram Content Group UK Ltd.
Pitfield, Milton Keynes, MK11 3LW, UK
UKHW012047240726
13965UKWH00003B/1098

9 782013 351904